O PODER DA ALEGRIA

Frédéric Lenoir

O poder da alegria

TRADUÇÃO
Alberto Almeida

Copyright © Librairie Arthème Fayard, 2016

*Grafia atualizada segundo o Acordo Ortográfico da Língua Portuguesa de 1990,
que entrou em vigor no Brasil em 2009.*

Título original
La Puissance de la joie

Capa
Estúdio Bogotá

Ilustração de capa
Renata Polastri/ Estúdio Bogotá

Preparação
Fernanda Villa Nova de Mello

Revisão
Ceci Meira
Marise Leal

Dados Internacionais de Catalogação na Publicação (CIP)
(Câmara Brasileira do Livro, SP, Brasil)

Lenoir, Frédéric
    O poder da alegria / Frédéric Lenoir; tradução Alberto Almeida. — 1ª ed. — Rio de Janeiro : Objetiva, 2017.

    Título original: La Puissance de la joie.
    ISBN 978-85-470-0033-2

    1. Alegria – Filosofia I. Título.

17-01656   CDD-170

Índice para catálogo sistemático:
1. Poder da alegria : Filosofia 170

[2017]
Todos os direitos desta edição reservados à
EDITORA SCHWARCZ S.A.
Praça Floriano, 19 — Sala 3001
20031-050 — Rio de Janeiro — RJ
Telefone: (21) 3993-7510
www.companhiadasletras.com.br
www.blogdacompanhia.com.br
facebook.com/editoraobjetiva
instagram.com/editora_objetiva
twitter.com/edobjetiva

À memória de Veronica

O efeito da sabedoria é uma alegria contínua.[1]

SÊNECA

Sumário

Prefácio 11

1. O prazer, a felicidade, a alegria.............................. 15
2. Os filósofos da alegria...................................... 24
   Baruch Espinosa 26
   Friedrich Nietzsche.. 32
   Henri Bergson.. 35
3. Deixe a alegria florescer.................................... 37
   A atenção 38
   A presença 40
   A meditação.. 43
   A confiança e a abertura do coração 45
   A benevolência... 47
   A gratuidade 49
   A gratidão... 51
   A perseverança no esforço.................................... 54
   O desapego e o consentimento 55
   O gozo do corpo.. 60
4. Tornar-se si mesmo... 63

O processo de individuação.. 64

Conhece-te a ti mesmo... e torne-se quem você é........... 67

O caminho da libertação segundo Espinosa.................... 71

Jesus, o mestre do desejo... 75

Da liberdade interna à paz mundial................................ 77

5. Estar de acordo com o mundo.. 79

O amor da amizade 80

Da paixão amorosa ao amor que liberta 84

A alegria de se doar 89

Amar a natureza... e os animais...................................... 90

6. A alegria perfeita.. 94

A mente e o ego 95

Libertar a mente, não se identificar mais com o ego...... 98

Um caminho gradual rumo à alegria pura 104

Não querer "matar" o ego 108

7. A alegria de viver.. 111

A alegria espontânea das crianças................................... 112

A alegria de uma vida simples... 113

Liberando a fonte de alegria que existe em nós 116

A força do consentimento 118

A alegria dá sentido à vida e ao mundo 120

Epílogo: A sabedoria da alegria 123

Notas.. 135

Referências bibliográficas.. 139

Prefácio

Haverá uma experiência mais desejável que a alegria?

Todos nós a queremos obstinadamente porque já a vivenciamos, mesmo que de maneira fugaz. O amante na presença do ser amado, o jogador no momento da vitória, o artista diante da sua criação ou o pesquisador no instante de uma descoberta sentem uma emoção mais profunda que o prazer, mais concreta que a felicidade, uma emoção que toma todo o ser e se torna, com suas mil facetas, seu desejo supremo.

A alegria traz em si um poder que nos impulsiona, nos invade, nos faz experimentar a plenitude. A alegria é uma afirmação da vida. Manifestação da nossa potência vital, ela é o meio que temos de *apalpar* a força de existir, de saboreá-la. Nada nos torna mais vivos que a experiência da alegria. Mas podemos fazê-la emergir? Domá-la? Cultivá-la? Será que podemos formular hoje uma sabedoria fundamentada no poder da alegria?

Para empreender esta pesquisa, eu me baseei, naturalmente, nas contribuições decisivas das sabedorias do Oriente e do

Ocidente. Na verdade, a alegria é essencial no pensamento taoista chinês, assim como irradia profundamente a mensagem dos Evangelhos. Em contrapartida, poucos filósofos se interessaram por ela. Na certa consideraram que seu caráter imprevisível, emocional, às vezes até excessivo, faz com que seja pouco propícia para uma reflexão mais distanciada. No entanto, há grandes pensadores, particularmente Espinosa, Nietzsche e Bergson, que puseram a alegria no cerne do seu pensamento. É com eles que começaremos o nosso caminho, distinguindo prazer, felicidade e alegria, e tentando compreender a experiência da alegria através de uma perspectiva filosófica. Mas como prosseguir esta busca sem fazer referência às nossas próprias experiências de alegria? Por essa razão vou me basear também na minha história, nos meus sentimentos e nas minhas convicções pessoais.

Tentarei mostrar, de maneira concreta, que existem três grandes vias de acesso à alegria. Em primeiro lugar, um caminho que favorece a sua eclosão, com atitudes como a atenção e a presença, a confiança e a abertura do coração, a gratuidade, a benevolência, a gratidão, a perseverança no esforço e a entrega, ou ainda o gozo do corpo. Duas outras vias, em seguida, nos levam a experimentar uma alegria mais duradoura: um caminho de desligamento, isto é, de libertação interior, que nos permite ser cada vez mais nós mesmos e, inversamente, um caminho de religamento, de amor, que nos permite nos adaptar ao mundo e aos outros de maneira plena e justa. Descobrimos então que a alegria perfeita, aquela prometida ao fim desses dois caminhos de autorrealização e de comunhão com o mundo, é uma expressão profunda, ativa e consciente daquilo que é oferecido a todos nós desde os primeiros instantes de nossa existência, e que muitas vezes perdemos diante das dificuldades que enfrentamos: a alegria de viver.

* * *

Este livro, que eu quis que fosse acessível ao maior número possível de pessoas, nasceu de um ensinamento que, primeiro, expus oralmente. Depois, retrabalhei o texto em profundidade, cuidando para que conservasse o caráter vivo e espontâneo da oralidade. Agradeço muito a Djénane Kareh Tager e à minha editora, Sophie de Closets, pela valiosa ajuda que me deram durante esse trabalho.

1. O prazer, a felicidade, a alegria

A natureza nos adverte com um sinal específico
que o nosso destino foi alcançado.
Este sinal é a alegria.[1]
BERGSON

A mais ampla e mais imediata experiência de satisfação é a de prazer. Todos nós vivenciamos essa experiência quando satisfazemos uma necessidade ou um desejo da vida cotidiana. Se estou com sede e bebo, sinto prazer. Se estou com fome e como, sinto prazer, e ainda mais se os pratos são gostosos. Se estou cansado e finalmente posso descansar, sinto prazer. Se saboreio meu café ou meu chá matutino, é um momento de prazer. Esses prazeres dos sentidos são os mais comuns. Há outros, mais internos, que dependem do coração e do espírito. Se encontro um amigo, contemplo uma bela paisagem, mergulho em um livro que me agrada, escuto a música que me comove, faço um trabalho que me interessa, também sinto prazer, ou seja, é uma satisfação. Não se pode viver sem prazer: neste caso nossa vida se resumiria a uma obrigação sem fim.

O problema do prazer, e os filósofos o discutem desde a Antiguidade, é que ele não dura. Eu como, bebo, mas algumas horas depois estou de novo com fome e sede. O amigo que encontrei vai embora, a música se interrompe, meu livro acaba, não tenho mais prazer. O prazer está ligado a um estímulo externo que é preciso renovar constantemente. Por outro lado, ele muitas vezes é contrariado: todos nós temos desejos e necessidades não satisfeitos, e às vezes é preciso muito pouco para extinguir todo o prazer: água morna, um alimento insípido, um amigo mal-humorado, a beleza de uma paisagem estragada por uma companhia desagradável. Na realidade, é muito difícil atingirmos um estado de satisfação duradouro se nos basearmos apenas na busca do prazer.

O segundo problema, que todos nós já enfrentamos, é que alguns prazeres nos fazem bem no momento, mas mal a longo prazo. Pratos gordurosos ou muito doces, de fato deliciosos, se consumidos em grandes quantidades trarão consequências para a saúde; a moça bonita ou o belo rapaz que nos proporcionariam um prazer sexual imediato podem colocar nosso relacionamento em risco; os copos de bebida com que brindamos numa festa de amigos se traduzirão numa ressaca no dia seguinte. A médio ou longo prazo, ou numa visão mais global da existência, a satisfação dos prazeres imediatos se revela muitas vezes um erro de cálculo.

Estes dois obstáculos suscitam uma pergunta sobre a qual os sábios do Oriente e do Ocidente refletiram:[2] existirá uma satisfação duradoura que vá além do caráter efêmero e ambivalente do prazer? Uma satisfação que não seja limitada em duração, que não dependa de circunstâncias externas e não se torne, *in fine*, uma escolha ruim? Um prazer, de alguma forma, mais global e mais durável. Para definir esse estado foi inventado um conceito: felicidade. Na metade do primeiro milênio antes de Cristo, tanto na Índia ou na China quanto na bacia do Mediterrâneo, foi esse o início de uma pesquisa filosófica à qual os sábios e pensadores deram várias respostas, sempre tentando superar as fraquezas e limites do prazer.

Apesar de muito diversas, a maioria das respostas converge em três pontos essenciais: não há felicidade sem prazer, mas para sermos felizes temos que aprender a distinguir e moderar nossos prazeres. "Nenhum prazer é um mal em si mesmo; mas as causas que dão origem a alguns deles provocam muito mais transtornos que satisfação",[3] diz Epicuro. A imagem que temos desse pensador é a de filósofo do gozo. Na verdade, Epicuro é o grande filósofo da moderação. Ele não proíbe os prazeres, não prega o ascetismo, porém considera que prazer em excesso mata o prazer. Que desfrutamos mais uma coisa quando sabemos limitá-la em quantidade e priorizar sua qualidade. Que ficamos mais felizes com alguns amigos reunidos em torno de uma refeição simples, mas boa, que num banquete onde a abundância de alimentos e de convivas nos impede de desfrutar a qualidade daqueles e a companhia destes. Epicuro é, em certo sentido, precursor de uma tendência que vemos crescer hoje em dia nas nossas sociedades saturadas de bens materiais e prazeres, o *less is more* [menos é mais] — que poderia ser traduzida como "menos é melhor", ou também pela expressão "sobriedade feliz", cara ao filósofo camponês Pierre Rabhi, que evoca tão bem "o poder da moderação".

Epicuro fala:

Quando dizemos que o prazer é o objetivo da vida não estamos falando dos prazeres dos voluptuosos inquietos nem daqueles que consistem em gozo sem regras. Porque não é uma série ininterrupta de dias dedicados a beber e a comer, não é o gozo dos rapazes e moças, não é o sabor dos peixes e outros pratos que compõem uma mesa suntuosa, não é nada disso que proporciona uma vida feliz, mas sim o raciocínio vigilante, capaz de encontrar em todas as circunstâncias os sinais daquilo que se deve escolher e do que se deve evitar, e rejeitar as opiniões vazias que provocam um enorme distúrbio na alma. Então, o princípio de tudo isso e, portanto, o maior bem é a prudência.[4]

A palavra "prudência", *phronesis* em grego, não tem, para os filósofos da Antiguidade, o significado que possui atualmente. Para eles, a prudência é uma virtude da inteligência que nos permite discernir, julgar e escolher corretamente. Aristóteles, que viveu algumas décadas antes de Epicuro, insiste tanto quanto este na importância dessa qualidade intelectual no seu papel de discernimento: saber o que é bom e o que é ruim para nós. E é principalmente, diz ele, graças a esse exercício de discernimento da razão que podemos tornar-nos virtuosos e ter uma vida feliz. Aristóteles faz da virtude uma indispensável via de acesso à felicidade. Em sua *Ética a Nicômaco*, define a virtude como o equilíbrio entre dois extremos, que leva à felicidade mediante o prazer e o bem: "Chamo de medida aquilo que não comporta exagero nem falta [...]. Todo homem cauteloso foge do excesso e da falta, busca a boa média e lhe dá preferência, uma média estabelecida não em relação ao objeto, mas em relação a nós".[5] Por exemplo, a coragem é um justo meio entre o medo e a temeridade, dois extremos que, cada um à sua maneira, podem levar-nos a situações, para dizer o mínimo, desagradáveis. Da mesma forma, a temperança, outra qualidade que ele valoriza, é o justo meio entre o ascetismo (renúncia aos prazeres) e a libertinagem, duas vias contraditórias à felicidade.

* * *

Dois séculos antes de Aristóteles, desta vez na Índia, o próprio Buda havia experimentado os extremos antes de constatar sua vacuidade. Antes de se tornar um grande sábio, Sidarta, que é o seu nome, era um príncipe que se enchia de prazeres sem por isso ser feliz. Depois de abandonar seu título, sua família e seus bens, foi se juntar, nas florestas do norte da Índia, a um grupo de ascetas que viviam em mortificação. Mas depois de passar dez anos com eles percebeu que ainda não era feliz. Essas duas experiências levaram-no rumo ao "caminho do meio", que é o da temperança e do equilíbrio, que também é uma fonte de felicidade. A tradição chinesa denomina esta via como "harmonia", um estado de equilíbrio que possibilita a livre circulação da energia, presente na natureza, e procura reproduzi-la em todas as atividades humanas.

Não há então felicidade sem prazeres — sendo eles moderados e selecionados. Mas, sendo o prazer efêmero e dependente de causas externas, surge uma nova questão: como obter uma felicidade duradoura? Em outras palavras, como posso continuar feliz se perder o emprego? Se meu marido me deixar? Se eu ficar doente? Os filósofos da Antiguidade respondem que é necessário dissociar a felicidade de suas causas externas e encontrar novas causas, agora em nós mesmos. É o estado superior de felicidade, que se chama sabedoria. Ser sábio é dizer sim à vida e amá-la como ela é. Não é querer a todo custo transformar o mundo de acordo com os próprios desejos. É regozijar-se com o que se tem, com o que está ali, sem querer ter sempre mais ou alguma outra coisa. Uma bela frase, atribuída a Santo Agostinho, resume bem a questão: "Felicidade é continuar desejando o que já se tem". A frase também traz ecos da moral estoica que nos incita a distinguir o que depende de nós do que não depende. O que depende de nós podemos tentar mudar: se sou viciado em álcool ou em jogo, posso lutar contra o meu vício; se alguns dos meus relacionamentos me fazem mal, eu os limito. Mas como agir diante do que não depende de nós? O que fazer quando a vida nos põe à prova com um acidente, um falecimento, uma catástrofe? A sabedoria, dizem os estoicos, é aceitar aquilo contra o qual não podemos fazer nada. E ilustram com a parábola do cachorro puxado por uma carruagem. Se ele resistir e se recusar a seguir a carruagem, mesmo assim será arrastado à força e chegará, exausto e ferido, ao destino. Se não se debater, vai acompanhar o movimento da carruagem e fazer o mesmo trajeto sofrendo muito menos. De maneira que é melhor admitir o inevitável em vez de recusá-lo e lutar contra o destino. Quando não se pode fazer nada, é melhor admitir as coisas como elas são, aceitar a vida. Evidentemente, isso não se faz por decreto nem com uma varinha mágica: a sabedoria, mesmo para a maioria dos estoicos, é um objetivo difícil de atingir, e poucos seres humanos o fazem plenamente.

O ideal de sabedoria assim definido pelos antigos pode ser resumido numa palavra: *autarkeia*, a "autonomia", quer dizer, a liberdade interior que impede a nossa felicidade ou infelicidade de depender de circunstâncias externas. É ela que nos ensina a celebrar os acontecimentos, tanto agradáveis quanto desagradáveis – tendo consciência de que, muitas vezes, o agradável não passa de uma percepção, da mesma forma que o desagradável. O sábio aceita tudo. A felicidade que ele busca é um estado que quer ser o mais abrangente e duradouro possível, ao contrário do prazer efêmero. O sábio sabe que guarda em si a verdadeira fonte da felicidade. A seguinte história, que vem da tradição sufi, ilustra isso:

Um velho estava sentado na entrada de uma cidade. Um estrangeiro que viera de longe se aproxima dele e pergunta: "Eu não conheço esta cidade. Como são as pessoas que moram aqui?". O velho respondeu com uma pergunta: "Como são os moradores da cidade de onde vieste?". "Egoístas e malvados", disse o estranho. "Foi por isso que eu saí de lá." "Vais encontrar os mesmos aqui", respondeu o velho. Mais tarde, outro estrangeiro se aproxima. "Venho de longe", disse. "Dize-me, como são as pessoas que moram aqui?" O velho respondeu: "Como são os moradores da cidade de onde vieste?". "Bons e acolhedores", disse o estrangeiro. "Eu tinha muitos amigos lá, foi difícil deixá-los." O velho sorriu e disse: "Vais encontrar os mesmos aqui". Um vendedor de camelos que tinha acompanhado as duas cenas de longe se aproximou do velho: "Como podes dar a mesma resposta para duas situações completamente diferentes?". E o velho respondeu: "Cada qual carrega o seu universo no coração. O olhar que dirigimos ao mundo não é o próprio mundo, é o mundo como nós o percebemos. Um homem feliz em um lugar será feliz em toda parte. Um homem infeliz em um lugar será infeliz em toda parte".

Essa concepção de felicidade é o oposto daquela que predomina hoje nas sociedades ocidentais: o que sempre se louva é uma pseudofelicidade narcisista ligada à aparência e ao sucesso; o que nos vendem com a propaganda é uma "felicidade" que, no fundo, se limita à satisfação imediata de nossas necessidades mais egoístas. Lembramos nossos "momentos felizes", mas para os filósofos e os sábios a felicidade não pode ser fugaz, é um estado permanente, a culminação de um trabalho, de uma vontade, de um esforço. Na verdade, confundimos felicidade com prazer e buscamos muito mais prazeres constantemente renovados do que uma felicidade profunda e duradoura.

Além do prazer e da felicidade, há um terceiro estado, muito menos lembrado, que é fonte de um imenso contentamento na vida: a alegria. A alegria é uma emoção, ou sentimento, que os psiquiatras François Lelord e Christophe André descrevem como uma "experiência intensa, ao mesmo tempo mental e física, em reação a um fato, e de duração limitada".[6] Sua particularidade é ser sempre intensa e afetar o ser como um todo: o corpo, o espírito, o coração, a imaginação. A alegria é uma espécie de prazer multiplicado por dez, mais intenso, mais abrangente, mais profundo. Na maioria das vezes a alegria, assim como o prazer, responde a um estímulo externo. Ela "cai no nosso colo", como se costuma dizer. Se passamos numa prova, ficamos alegres. Se vencemos uma competição, exultamos de alegria. Se descobrimos a solução de um problema complexo, celebramos alegremente. Se eu encontro um amigo que não via há muito tempo, a alegria me invade. Geralmente o gestual do prazer é sóbrio, lento: sorrimos de contentamento, suspiramos de alívio, nos alongamos de satisfação, como um gato saciado ao lado de um bom fogo. A alegria de modo geral é saltitante. Intensa, exuberante, ela nos sacode, nos leva, toma posse do nosso corpo, assume o controle. Levantamos os braços para os céus, dançamos, pulamos, cantamos. Eu, por exemplo, adoro futebol. Tanto como jogador quanto como torcedor. Quando meu time marca um gol decisivo poucos minutos antes do apito final, não posso continuar sentado, tenho que pular de alegria! Meu corpo precisa manifestar essa pulsão de vida que surge em mim, por mais que sua causa seja uma coisa trivial como uma vitória num jogo de futebol. E como esquecer a alegria coletiva que se apossou de uma nação inteira na noite de consagração dos *Bleus*, na final da Copa do Mundo de 1998! Ainda guardo na memória a impressão que me causavam aqueles carros parando no meio da rua, os motoristas descendo, e não para se xingarem, como acontece em geral, mas para se abraçarem e se beijarem. Esta é uma das peculiaridades da alegria: ela é comunicativa. Não é um pequeno prazer solitário. Quando estamos alegres, precisamos compartilhar a alegria, transmiti-la aos outros… mesmo aos estranhos!

No entanto, assim como o prazer, a alegria geralmente é fugaz (veremos adiante que pode sempre ser assim), e quando ela nos invade pressentimos que não vai durar muito. Não é por acaso que uma das cantatas mais comoventes de Bach se inspira neste desejo universal: "Que minha alegria permaneça". Junto com esse sentimento de euforia, a alegria nos dá uma força que aumenta nossa potência de existir. Que nos torna plenamente vivos. Viver sem ter conhecido jamais a alegria causaria um enorme sofrimento moral, como o que alguns de nós enfrentamos em consequência de um luto insuperável, capaz de consumir toda a nossa energia vital.

Será possível analisar, compreender, explicar a experiência da alegria, de tão diversas facetas? E, mais que isso, será possível cultivá-la? Vamos começar indagando aos raros filósofos que se debruçaram sobre esta bela e íntegra emoção que, de suas manifestações mais comuns às suas formas mais elevadas, é o desejo supremo de todo ser humano.

2. Os filósofos da alegria

*Há que espalhar a alegria e
limitar ao máximo a tristeza.*[1]

MONTAIGNE

Os filósofos da Antiguidade trataram muito do prazer e da felicidade, mas não deram tanta atenção à questão da alegria, certamente devido ao seu caráter aparentemente irracional e fora de qualquer controle. O prazer pode ser programado: estou prestes a assistir a uma série que me agrada, a jantar num bom restaurante com amigos, a ir fazer uma massagem, sei que serão momentos de prazer. A felicidade se constrói: resulta de um trabalho sobre nós mesmos, de um sentido dado à nossa vida e dos compromissos que decorrem disto. A alegria tem um lado gratuito, imprevisível. São assim as alegrias sensíveis mais comuns. Não posso decidir que, ao ouvir determinada música, serei necessariamente levado pelo impulso físico que caracteriza a alegria. Desconfio que se o meu time de futebol ganhar um jogo importante ficarei feliz, mas nada me garante que o meu time vai ganhar, nem que essa vitória, naquele dia, me empolgará. O lado de imponderáveis, de excessos, associados à alegria, pode assustar o filósofo, mesmo quando ele reconhece seu caráter positivo, como fizeram, na Grécia antiga, Platão, Aristóteles e Epicuro. Esses filósofos não condenaram a alegria, longe disso. Mas preferiram refletir sobre a felicidade.

A mesma coisa acontece na Índia com os autores dos *Upanishads* e, mais tarde, com Buda. Eles tampouco fizeram da alegria o cerne do seu pensamento, mas sim a felicidade definitiva constituída pela libertação da ignorância e a experiência da Iluminação. A alegria é mais presente na China, entre os fundadores do taoismo filosófico: Lao-Tsé e Chuang Tzu. Terei a oportunidade de me estender sobre eles no próximo capítulo. Também é presente na Bíblia, especialmente nos Evangelhos, enquanto a noção de felicidade terrena está singularmente ausente na mensagem de Jesus. Este é outro ponto que voltarei a comentar adiante.

Vejamos agora a tradição filosófica ocidental. Desde a Alta Idade Média, e durante quase um milênio, a filosofia foi submetida à teologia cristã, o que significa que não se desenvolveu como pensamento autônomo. Foi preciso esperar o Renascimento para que um pensamento racional emancipado da fé pudesse voltar a eclodir.

Um dos principais pensadores franceses do século XVI, Michel de Montaigne, foi sem dúvida o primeiro filósofo moderno da vida feliz. Sua felicidade é feita de prazeres simples — amar, comer, passear, dançar, aprender — que podemos aprender a distinguir e saborear plenamente. Montaigne busca a tranquilidade da alma e tenta evitar os conflitos de relacionamento e as complicações desnecessárias da existência, mas insiste particularmente nas experiências que aumentam a alegria. Não é exagerado dizer que ele faz da alegria o critério de uma boa vida, uma vida feliz: "Há que espalhar a alegria e limitar ao máximo a tristeza".[2] Para isso ele nos convida, como os sábios da Antiguidade, a conhecer bem a nossa natureza e capacitar nosso pensamento para aprender a distinguir o que nos faz bem, o que nos deixa alegres e aquilo que, ao contrário, nos mergulha na tristeza. É exatamente esta intuição filosófica que se encontra, um século mais tarde, no centro do pensamento do filósofo da alegria por excelência: Espinosa.

BARUCH ESPINOSA

Nascido em Amsterdam, em 1632, Espinosa pertence a uma família judia de origem portuguesa que emigrou à Holanda para escapar das perseguições da Igreja católica. No clima mais tolerante do protestantismo liberal, sua família pôde prosperar nos negócios. O jovem Baruch era extremamente brilhante. Desde cedo se interessou por filosofia e por teologia, falava latim e tinha lido os autores gregos antigos. Circulava num meio de intelectuais liberais bastante à frente do seu tempo e, aos poucos, começou a adotar posições críticas em relação à religião, começando pela sua, o judaísmo. Foi o precursor de uma análise racional crítica do texto bíblico e afirmou, por exemplo, que a maioria das grandes histórias da Bíblia, como o Dilúvio ou a divisão do mar Vermelho por Moisés para seu povo fugir do Egito, são mitos e não verdades históricas. Esse discurso era escandaloso na época, e por isso Baruch foi fortemente contestado pelos meios judaicos tradicionais a que sua família pertencia, até ser excluído da sinagoga, com 24 anos de idade, mediante um ato de grande violência: foi alvo de um *herem*, isto é, uma excomunhão que o baniu da comunidade judaica por heresia, de forma definitiva. Amaldiçoado pelos seus, Baruch deixou para trás seu ambiente de origem e foi viver entre os cristãos liberais. Mas se recusou a se converter ao cristianismo ou se filiar a qualquer outra religião, considerando que o filósofo deve ser livre em sua busca da verdade. Levou então uma existência bastante solitária, muito simples — nunca se casou, não teve filhos — e, para ganhar a vida, polia lentes de óptica. Aliás, antes de ser reconhecido em toda a Europa como grande filósofo, Espinosa o foi como notável polidor de lentes! Acho comovente pensar que esse homem passou os seus dias, em resumo, polindo: lentes, para a acuidade visual, e o pensamento, para a acuidade do espírito humano. Ele não escreveu muito, mas suas poucas obras são determinantes, como o *Tratado teológico-político*, um monumento precursor no qual descreve, fazendo uma crítica à religião e à política, o que seria em sua visão um Estado viável: uma república laica onde haveria liberdade total de consciência e de expressão para todos os cidadãos unidos por um contrato social. Anuncia, nesse sentido, com um século de antecedência, o pensamento do Iluminismo.

Espinosa dedica mais de quinze anos a escrever sua obra-prima, a *Ética*, publicada postumamente — parece que não se atreveu a assumir esse risco enquanto estava vivo. Morreu bastante jovem, aos 45 anos, de uma doença pulmonar, certamente devido ao pó de vidro e à areia inalados durante sua atividade de polidor. Na idade em que Aristóteles diz que se começa a ser filósofo, Espinosa já havia escrito uma obra filosófica magistral. Ameaçado fisicamente por aqueles que se revoltavam com suas ideias (foi alvo até de uma tentativa de assassinato), escolheu, na *Ética*, se expressar de maneira codificada, usando uma construção geométrica, com escólios, definições, proposições que se superpõem. Além disso, a fim de se proteger, usou também "palavras falsas", que desviavam do sentido que normalmente recebem. Por exemplo, ele fala à vontade de Deus. Na realidade, o Deus de Espinosa não é o Deus pessoal revelado pelos monoteísmos, mas um Deus que ele identifica com a natureza. Usa, em suma, para empregar a expressão do filósofo alemão Leo Strauss, uma "linguagem de perseguição" — por essa razão a *Ética* não é uma leitura fácil, e pode até parecer desagradável na primeira abordagem.

Descobri Espinosa tardiamente, mas depois de atravessar os primeiros obstáculos (em parte graças aos excelentes comentaristas que são Robert Misrahi e Gilles Deleuze), mordi a isca e passei seis meses sem largar a *Ética*. Foi uma revelação, um júbilo.

A filosofia ética de Espinosa é uma filosofia da alegria. Seu estudo do comportamento humano, sua moral, tudo o que considera guiar as nossas ações começa e acaba com a alegria, é uma alegria em ato. Esta ética é o polo oposto da moral tradicional do dever, como aquelas dos pensadores do século XVII ou, mais tarde, a de Kant. Não é uma moral baseada no Bem e no Mal enquanto categorias metafísicas. Não, para fundar sua ética, Espinosa deixa de lado todos os valores religiosos e metafísicos e se coloca como observador da natureza humana.

O que ele afirma? Que "toda coisa, segundo a sua potência de ser, se esforça para persistir em seu ser".[3] Esse "esforço" (*conatus* em latim) é uma lei universal da vida, que a ciência biológica confirmará mais de dois séculos depois. Todo organismo se esforça não só para se proteger, mas também para aumentar sua potência vital. Ora, nesse esforço natural de se aperfeiçoar, encontra outros corpos que o afetam ou que ele afeta. Espinosa observa que, no ser humano, quando esses encontros constituem um obstáculo, diminuem sua potência no agir e o impedem de crescer, sendo ele invadido por um sentimento de tristeza. Ao contrário, quando lhe permitem atingir uma escala de perfeição maior, aumentar sua potência de existir, é tomado por uma sensação de alegria. Define então a alegria como a "passagem do homem de uma perfeição menor a uma perfeição maior".[4] Com isso quer dizer que cada vez que crescemos, que progredimos, que conquistamos uma vitória, que nos realizamos um pouco mais segundo a nossa própria natureza, estamos na alegria.

Essa definição, com a qual concordo totalmente, é válida para todas as formas de alegria, a começar por aquela vivida por crianças da mais tenra idade. Você já viu uma criança pequena dando seus primeiros passos? De repente ela percebe que consegue ficar em pé sozinha, e até avançar um pouco; e explode de alegria. Como acontece quando pronuncia suas primeiras palavras e se faz entender pelos pais. Como acontecerá toda vez que fizer novos progressos na aprendizagem natural da vida. E, mais tarde, quando adulta, toda vez que obtiver uma vitória. Que alegria passar num exame. Conseguir o trabalho que se desejava ardentemente. Curar-se de uma doença, ver o triunfo da vida sobre a morte. Que alegria quando um encontro faz nosso coração se aquecer. Qualquer acontecimento que nos faz crescer, que aumenta nossa potência vital, que nos "puxa para cima", nos dá alegria.

Certo, as alegrias não são todas iguais em profundidade nem em intensidade nem, principalmente, em verdade. Espinosa distingue em particular as alegrias passivas das alegrias ativas. As alegrias passivas dependem de ações das quais não passamos de causa parcial; são as paixões. Aliás, muitas vezes são frutos da nossa imaginação: com elas, acreditamos em vão que aumentaremos nossa potência. Em contrapartida, somos a causa suficiente das alegrias ativas, e esta é a razão pela qual elas são infinitamente mais verdadeiras, mais profundas e, portanto, mais duradouras. Espinosa ilustra isso com o amor, que define como "uma alegria que acompanha a ideia de uma causa externa". No entanto, o amor também pode ser uma alegria passiva (uma paixão) se estiver ligado a uma ideia "inadequada", isto é, se for baseado num pensamento falso, num desconhecimento do outro. É o que acontece quando nos ligamos a uma pessoa que idealizamos e na qual projetamos expectativas infantis, que em pouco tempo começam a causar tristeza em vez da alegria esperada. Em lugar de nos ajudar a crescer, esses relacionamentos nos diminuem, ou até nos mutilam. Ao contrário disso, outros tipos de relações amorosas, baseadas numa ideia "adequada", num pensamento verdadeiro, no conhecimento do outro, realmente nos ajudam a crescer, a ser mais nós mesmos e a aumentar nossa potência de existir, e são fonte de alegrias positivas.

No entanto, nem todas as alegrias passivas são necessariamente negativas. Penso particularmente naquelas provocadas por um processo de identificação, fruto da imaginação. Por exemplo, quando nós nos identificamos com um país numa competição esportiva e nos "tornamos" o time da França ou do Brasil. Essas alegrias, certamente, não são as mais nobres, não duram especialmente muito, mas podem ter uma grande intensidade. E, quando a alegria de partilhar se combina com a da identificação coletiva, temos os momentos mais fortes da convivência, dominados por ondas poderosas de emoção. No entanto, Espinosa tinha razão ao sublinhar que essas alegrias podem se transformar rapidamente em tristeza (se o nosso time perder) ou ser manipuladas, uma vez que são frutos da imaginação e de um mecanismo de projeção: todos nós temos na cabeça imagens assustadoras de multidões vibrando diante de um líder populista.

No outro extremo dessa escala, em seu mais alto nível, Espinosa situa o que chama de beatitude — também poderíamos chamar de verdadeira felicidade, ou então de alegria permanente —, à qual temos acesso quando nos libertamos da escravidão das paixões. É a alegria da libertação, também descrita pelos sábios da Índia. Chegando a esta fase, graças à razão, à intuição e à reorientação do nosso desejo, não somos mais movidos por afetos passivos — nosso inconsciente, diríamos hoje —, mas alcançamos uma alegria absoluta que nada pode destruir.

Espinosa formula então uma ética, uma ciência moral, distinguindo o que é bom para cada um de nós daquilo que não é. Esta ética implica um trabalho individual: o que é bom para mim e me leva à alegria pode se revelar ruim para você, porque o mergulharia na tristeza. Uma pessoa com quem eu me dou bem pode ser inadequada para você. E o contrário, evidentemente, também é verdade.

Esse trabalho é mais difícil do que parece porque implica um esforço real — racional — de compreensão, que deve permitir um redirecionamento do desejo para alegrias mais ativas, e portanto mais verdadeiras, mais profundas e mais duradouras. Voltarei a esse tema com mais profundidade no capítulo 4, "Tornar-se si mesmo".

* * *

Ao propor a alegria como fundamento e meta final de qualquer ética e afirmar que essa reflexão não se baseia numa crença ou num raciocínio puramente abstrato, mas numa análise aprofundada do ser humano, Espinosa surge não apenas como o primeiro grande filósofo da alegria, mas também como aquele que lhe dá sua primeira definição filosófica verdadeira: a alegria, para ele, é o aperfeiçoamento, o aumento da potência de existir.

FRIEDRICH NIETZSCHE

Será preciso esperar pouco mais de dois séculos depois de Espinosa para encontrar outro filósofo que situe a alegria no centro do seu pensamento: Friedrich Nietzsche. Como Espinosa, Nietzsche considera a alegria como o critério ético fundamental que valida a ação humana. E, ainda como Espinosa, a considera a partir de uma perspectiva puramente imanente: a alegria não vem de outro lugar, de cima ou do além. Está inscrita no cerne da vida. Chegou então às mesmas conclusões que Espinosa: a alegria é a potência da vida em que devemos nos apoiar. A tristeza, que reduz a vida, é nefasta. Mas, ao contrário de Espinosa, Nietzsche não é um filósofo sistemático. Onde Espinosa construiu um sistema racional baseado numa metafísica da Natureza, uma tentativa de explicação global do mundo da qual decorre sua ética, Nietzsche recusa qualquer metafísica e rejeita todos os sistemas filosóficos. Prefere proceder por aporias, frases chocantes. É um "desconstrutor", e ao mesmo tempo um escritor formidável. Sua força, tanto quanto sua fraqueza, reside em afirmações brutais, poderosas, perturbadoras, mas nem sempre fundamentadas e por vezes contraditórias (o que ele reivindica).

Nascido em 1844 na cidade de Röcken, na Prússia, Nietzsche era filho de um pastor protestante. Forjou seu pensamento como reação aos círculos eclesiásticos do seu tempo, marcados por uma moral religiosa sufocante que consiste em reprimir os instintos e os desejos, uma moral que extingue qualquer alegria. Com a força da sua ironia, Nietzsche fez esta interpelação mordaz aos padres, pastores e fiéis:

Mas, se a sua fé os salvar, considerem-se salvos, vocês também! Seus rostos sempre foram mais prejudiciais para a sua fé que suas razões! Se a Boa-Nova do Evangelho estivesse escrita nos seus rostos, vocês não precisariam exigir tão obstinadamente a crença na autoridade deste livro: os seus trabalhos, suas ações, devem permanentemente tornar desnecessária a Bíblia, vocês devem fazer surgir permanentemente uma nova Bíblia.[5]

Faz assim uma crítica feroz às religiões, às "teologias da tristeza". Através delas só vê uma moral de repressão do instinto, do corpo, do desejo. Os sistemas que nos violentam e limitam a possibilidade da alegria. E faz um contraponto radical a elas, propondo privilegiar o que ele chama de desejo-esforço ou instinto de pulsão que faz a vida crescer dentro de nós e nos permite progredir.

Para Nietzsche, o princípio da alegria é a potência, e tudo o que aumenta a nossa força vital. É a afirmação da vida contra a morte, da saúde contra a doença, da criação contra a inércia.

Sem entrar, como Espinosa, nos detalhes de afetos e desejos, Nietzsche opta por uma afirmação global, mas continua sustentando a mesma ideia básica que seu antecessor: a alegria é cultivada em um trabalho sobre si mesmo, uma espécie de autoterapia precedida e acompanhada de introspecção, não para reprimir os instintos como preconizam as religiões, mas, ao contrário, para afirmar tudo o que nos leva à vida, todo e qualquer desejo que nos faça desabrochar, crescer. Trata-se de aprender a reconhecer a multiplicidade de fontes de alegria em si mesmo e fazê-las crescer. Para chegar a isso, transmutar progressivamente todos os nossos desejos, paixões e afetos. Espinosa afirmava que, uma vez libertos de todas as nossas servidões, chegamos à alegria perfeita, a do homem livre, que é uma alegria permanente. Nietzsche diz isso de outra maneira: atinge-se, segundo ele, o *Lust*, a "alegria perfeita", dando total consentimento à vida. Um estado de espírito no qual se aceita a vida sem recusar nada, no qual se é capaz, insiste ele, de dizer um "sim" incondicional à vida, inclusive a sua parte negativa e dolorosa. Nietzsche destaca que o cristianismo assume a dimensão trágica da existência, mas rejeita sua visão mórbida, sua insistência na necessidade de sofrer para atingir a redenção. Quanto ao budismo que estudou, ele o acusa ao mesmo tempo de negar o sofrimento e defender a extinção dos desejos. Entre essas duas vias, Nietzsche propõe uma terceira: a que consiste em afirmar a vida com os seus sofrimentos, a dizer-lhe "sim" apesar de tudo o que pode nos imobilizar, magoar, assustar. É um sim sagrado, um consentimento absoluto que ele chama de *amor fati*, "amor ao destino", ou seja, amar — e não apenas suportar — as coisas que nos acontecem. É esta, diz ele, a condição para a alegria absoluta, tão diferente da felicidade ilusória da religião. Você realmente aceita a sua vida como ela é? Segundo Nietzsche, a resposta será afirmativa se você concordar em revivê-la de forma idêntica. Ele propõe a imagem do "eterno retorno do mesmo" no famoso parágrafo 341 de *A gaia ciência*: imaginemos que nossa vida, como a vivemos nos seus mínimos detalhes, com os mesmos problemas, as mesmas alegrias, os mesmos encontros, as mesmas doenças, se reproduz indefinidamente. Se dermos um consentimento real à vida, que abre as portas para a alegria pura, aceitaremos esse recomeço sem lamentar nada.

Essa ideia de que a alegria deve assumir a totalidade da existência, incluindo o sofrimento, é provavelmente a contribuição mais original de Nietzsche, e o que mais o distingue de Espinosa. Mas Nietzsche também enfatizou, muito mais que seu antecessor, a ligação entre arte e alegria. Aliás, há em Nietzsche uma espécie de estética da alegria: com o ato criativo, a arte constitui a experiência privilegiada da alegria e nos oferece o modelo de uma vida bem-sucedida que consiste, mediante um processo permanente de autocriação, em fazer da própria vida uma obra de arte.

HENRI BERGSON

Depois dos precursores que foram Espinosa e Nietzsche, um terceiro homem trilhou o caminho aberto por eles. Como seus dois antecessores, o francês Henri Bergson, nascido em Paris em 1859 (morreu em 1941), pode ser considerado um "filósofo da alegria", mas prefiro considerá-lo "filósofo da vida" ou "do ser vivo". Existe entretanto uma continuidade profunda entre esses três pensadores: a afirmação da potência vital e de sua manifestação, a alegria. "A natureza nos avisa com um sinal preciso que o nosso destino foi cumprido. Este sinal é a alegria",[6] escreveu Bergson.

Em sua grande obra *A evolução criadora*, Bergson sustenta que há uma lei fundamental da vida e da evolução há milhões de anos: a lei da criação. A vida, diz ele, existe para ser criativa. E a alegria está intrinsecamente ligada à criação, é a experiência de culminação da vida: quando ela é bem-sucedida, quando atinge aquilo para o que foi feita, sentimos alegria; quando a vida fracassa, caímos na tristeza. Como exemplos de atos criativos, ele cita o artista que faz uma obra, o empresário que leva um projeto à frente, a mãe que dá à luz uma criança e a vê sorrir: não é apenas o sorriso, diz ele, que desperta a alegria da mãe, mas também o fato de que ela deu vida, ela criou. Da mesma forma, não é só o lucro que alegra o empresário, mas também o fato de ter criado uma companhia que se desenvolve bem.

Bergson acredita, como Espinosa, que o que traz alegria é a afirmação da vida, mas retoma de Nietzsche, relacionando-o com seu próprio pensamento vitalista, o papel primordial do processo criativo. É muito crítico, porém, em relação ao que Espinosa chama de alegrias passivas, as da imaginação, que não estão relacionadas com uma realização criativa. Para ele, não são alegrias verdadeiras, e sim prazeres que certamente podem ser intensos, mas não merecem o nobre nome de alegria. Enquanto a alegria está ligada à conquista da vida, o prazer só se liga, no processo evolutivo da vida, à necessidade de sobrevivência. É por encontrarmos prazer que permanecemos vivos, comemos, nos reproduzimos, nos importamos com a existência. "O prazer", escreve ele, "é apenas um artifício imaginado pela natureza para fazer o ser vivo zelar pela conservação da vida; não indica a direção em que a vida é lançada. Mas a alegria sempre anuncia que a vida teve sucesso, que ganhou seu espaço, conquistou uma vitória: toda grande alegria tem um toque triunfal."[7]

3. Deixe a alegria florescer

A alegria é um poder, cultivem-na.[1]
DALAI-LAMA

A alegria não pode ser controlada, ela se convida. Não se pode decidir ficar alegre de repente. Ninguém domina essa emoção, que só aparece quando determinadas condições estão reunidas. Veremos nos próximos capítulos como aceder a uma alegria permanente e ativa mediante um processo de libertação e comunhão, de desligamento e religamento. Mas não se poderia desde já, com determinados estados de espírito ou comportamentos, promover o surgimento de alegrias profundas, ainda que continuem sendo efêmeras? Não seria possível criar um clima propício para que a alegria apareça e se expanda? Como diz o escritor Mathieu Terence: "A alegria não é voluntária. Ninguém decide nem decreta. Temos que fugir como da peste daqueles que pretendem vender a receita da alegria. Pelo contrário, ela requer um clima favorável: um estado de espírito semelhante a um estado de graça. O clima favorável favorece".[2]

De fato, constatei que há estados de espírito, uma série de atitudes, de modos de ser, que nos permitem criar um terreno fértil para a chegada da alegria. Vou lembrar aqui alguns deles, mas poderia, claro, acrescentar outros: a atenção, a presença, a meditação, a confiança e a abertura de coração, a bondade, a gratuidade, a gratidão, a perseverança no esforço, o desapego, o gozo do corpo.

A ATENÇÃO

A atenção é antes de tudo aquilo que nos permite estar conectados com os sentidos. Muitas vezes estamos tão ocupados com mil problemas e com a cabeça tão cheia de coisas que não prestamos atenção naquilo que vivemos. Trabalhamos pensando em outra coisa, no jantar desta noite ou no próximo fim de semana. Estamos cozinhando, mas os pensamentos voam em direção aos papéis acumulados na escrivaninha. Passeamos, mas estamos em outro lugar. Ora, se admiramos uma paisagem pensando no formulário da previdência social que ainda não preenchemos, é mínima a chance de que surja em nós a alegria!

A alegria muitas vezes é desencadeada por uma experiência sensorial. Se olharmos para essa mesma paisagem atentos à harmonia das formas, à perspectiva, às cores, à luz, aos aromas, aos sons (ou silêncios), poderemos talvez, pois nada é garantido, ser invadidos por um sentimento de alegria, porque a beleza natural nos toca profundamente. As maiores alegrias que senti na vida nasceram muitas vezes assim. Quando vou passear, meus sentidos ficam acordados, espreito um raio de luz na floresta, o movimento de uma onda no mar, uma perspectiva que se apresenta por acaso numa caminhada pela montanha. Olhar, ouvir, tocar, cheirar, provar: são essas coisas, principalmente, que nos predispõem à alegria, que dão a ela oportunidade de surgir. Por quê? Porque, quando estamos atentos, nós nos deixamos tomar pelos sentidos, pelo que ouvimos, sentimos, contemplamos. Estamos no aqui e agora. Eu costumo ouvir música enquanto trabalho ou faço outra coisa. Nesses momentos, a força das notas raramente me absorve. Mas, felizmente, também acontece me concentrar exclusivamente na música. E, de olhos fechados na escuridão, saboreio a *Missa em dó menor*, de Mozart, *The Lamb Lies Down on Broadway*, do Genesis, o *Miserere*, de Allegri, *Songs from a World Apart*, de Lévon Minassian, as *Variações Goldberg*, de Bach, *Tubular Bells*, de Mike Oldfield, *Corpus Christi II*, de Logos, ou *Köln Concert*, de Keith Jarrett, e muitos outros. Deixo a música me preencher. E, às vezes, a alegria surge em mim.

Eu aprecio ainda mais as alegrias sensoriais porque tive que percorrer um longo caminho antes de conseguir apreendê-las. Quando era criança, passei por certos sofrimentos de ordem afetiva que me levaram a buscar refúgio nos meus pensamentos e na minha imaginação. Por essa razão me desconectei em parte das minhas emoções e percepções sensoriais. Ainda jovem, tive que fazer uma terapia da percepção, o método Vittoz, e reaprendi a conhecer e descrever o que sinto, isto é, aceitar e identificar as emoções que acompanham as percepções. Eu estava fora do meu corpo, tive que trabalhar para habitá-lo. Isso também significou, para mim, aceitar o sofrimento, as percepções desagradáveis, as emoções negativas das quais me protegia fugindo. Essa terapia me ajudou; e a completei, dez anos depois, com uma Gestalt-terapia, que me permitiu expressar as emoções reprimidas, escondidas na minha memória corporal, e a trabalhar com elas, sentindo as raivas, as tristezas, os medos. Por ter vivido as coisas assim, estou convencido de que este é o primeiro passo para acolher a alegria. Temos que reaprender a ver, a tocar, a olhar, a sentir, mas também a nos sentir internamente, a não perder o contato com nossas emoções. Para isso, também precisamos saber dar tempo às coisas. A alegria raramente nasce de um simples choque, de uma sensação fugaz, de uma paisagem vislumbrada, de três notas captadas de passagem. Trata-se de deixar o corpo e a mente serem invadidos por nossas sensações, de forma que a alegria nasça. Mas essa conexão com os nossos sentidos implica também aceitar a possibilidade de emoções negativas, como a tristeza, a raiva ou o medo.

A PRESENÇA

Thich Nhat Hanh, um grande mestre budista vietnamita que mora na França desde 1969, quando lhe indagam sobre as melhores técnicas de meditação, costuma responder: lave a sua tigela, mas faça-o como se estivesse lavando o bebê Buda. Madre Teresa também tinha seu próprio mantra: quando estiver cuidando de um leproso, faça-o como se estivesse cuidando de Cristo. Esses dois grandes testemunhos nos dão uma lição valiosa: a importância de uma presença-atenção em cada uma das nossas ações, por mais trivial que seja, como se representasse a coisa mais importante no mundo. O que nos pedem é que tenhamos uma qualidade de presença.

A atenção nos educa para a presença. Mas a presença vai além do simples fato de estar atento. É uma atenção que envolve todo o nosso ser: os sentidos, mas também o coração e a mente. Estamos atentos quando olhamos bem, quando escutamos bem, quando saboreamos bem. A presença não é apenas sensorial. Não é uma forma de receptividade comum. Ela consiste em acolher com generosidade o real, o mundo, os outros, porque sabemos que eles podem nos enriquecer interiormente. Eles talvez até nos proporcionem alegrias, mas também porque podemos lhes dar alguma coisa em troca: um aprendizado, uma alegria.

O valor de uma vida não se mede pela quantidade de coisas que realizamos, mas pela qualidade da nossa presença em cada uma de nossas ações. Nas sociedades ocidentais contemporâneas, a quantidade sempre predomina, todos nós vivemos ansiosos para multiplicar nossas experiências: este é o critério para julgar se tivemos uma vida rica. Alguns, quando viajam, procuram os "circuitos" mais completos, aqueles que lhes permitem visitar, ou melhor, conhecer às pressas o maior número possível de países, cidades, museus. Muitos não se dão ao trabalho de olhar, de saborear o que descobrem: quando chegam a um lugar, pegam sua câmera fotográfica para tirar uma selfie, dão uma olhada nos monumentos e nas paisagens para constatar que se parecem bastante com os cartões-postais e vão embora logo. Evito esse tipo de viagem, e decidi há muito tempo que, quando visito um local, não tiro mais fotos, ou então só na hora de me despedir de um lugar que pude desfrutar, sentir, degustar tranquilamente, sem outra preocupação. E quantas lindas alegrias consegui saborear assim!

Quando viajo, também fico impressionado ao ver filas de turistas "visitando" um país sem nunca ter tempo — nem a necessidade, ao que parece — de falar com seus habitantes: os vendedores ambulantes, os motoristas de ônibus, enfim, todas as pessoas à sua volta com quem não trocam um olhar ou palavra.

* * *

Depois da queda do regime de Ceauşescu, na Romênia, assistimos em televisões a imagens assustadoras, insuportáveis, de orfanatos onde milhares de crianças foram amontoadas e esquecidas. Essas crianças sofriam de muitas doenças. A mais terrível, via-se nos rostos, nos corpos, era a ausência de atenção. A falta de presença. Ninguém lhes dirigia um olhar de amor, tornando-as presentes no mundo. Ao lado dos óbvios primeiros cuidados, alimentação e abrigo, criar esse relacionamento, estabelecer essa troca era, contudo, uma das condições de sua sobrevivência. Sabe-se que um bebê que não teve amor, palavras, presença afetiva e atenção durante os primeiros meses de vida sofrerá pesadas sequelas.

Como outros jovens, depois do segundo grau eu quis viajar e participar por algum tempo de uma ação humanitária. Fui para a Índia, onde trabalhei, em Calcutá, num asilo de idosos fundado por madre Teresa. A equipe técnica estava muito preocupada com a logística, a ordem, as tarefas administrativas e de limpeza: a organização dos dormitórios, da cozinha, o respeito aos horários. Apesar desse funcionamento eficiente, eu me sentia pouco à vontade. A maioria das pessoas moribundas, deitadas umas ao lado das outras em esteiras no chão, tinha sido recolhida pelos missionários nas ruas. Recebiam, é claro, todo tipo de cuidados, mas não era isso o que mais as confortava. Certa manhã, quis parar um pouco e me aproximei de um homem que estava morrendo. Sentei-me ao seu lado. Segurei sua mão. Falei com ele. Claro, ele não me entendia, eu falava em francês, ele só sabia híndi. Mas não importava: eu estava estabelecendo uma relação. Comecei a massagear suavemente sua cabeça. Não paramos de nos olhar. Continuei tocando sua nuca, seus ombros, seu rosto.

Começaram a escorrer lágrimas em suas bochechas encovadas. Senti que lhe vinha uma alegria e a transmitia a mim paulatinamente, e também fui invadido por essa alegria. Então entendi de fato que o mais importante, nesses momentos, é simplesmente estar presente para o outro. Segurar a mão, acariciar o rosto, conversar, ficar com o coração aberto e determinada disposição de espírito. Em troca, sentimos com muita profundidade o que o outro nos dá: um olhar, um sorriso que nos comove. Depois desse episódio, pedi aos responsáveis pela instituição que me liberassem de certas atividades práticas para poder me dedicar por inteiro ao acompanhamento de pessoas, oferecendo-lhes simplesmente a minha presença.

A MEDITAÇÃO

Uma das experiências que podem nos ajudar a desenvolver nossas qualidades de atenção e presença é a prática da meditação. Eu me iniciei na Índia, num contexto budista, com lamas tibetanos, na mesma época em que me envolvi com os moribundos de Calcutá.

Eu havia ido para Dharamsala, um vilarejo no norte da Índia que era sede do governo tibetano no exílio e onde o dalai-lama, com certo número de compatriotas, encontrou refúgio. Senti a necessidade dessa iniciação. As bases da meditação são muito simples. Basta se sentar em uma posição adequada, num lugar livre de perturbações, respirar bem, fazer silêncio dentro de si e observar o que acontece. Continuamos atentos a nós mesmos e ao mundo: ouvimos sons, sentimos a nossa respiração, tomamos consciência do nosso corpo, da âncora corporal. Se sentimos alguma dor, apenas a constatamos, sem perder muito tempo com ela. Respiramos sem focar a atenção na nossa respiração. Os pensamentos vêm, passam, nós os observamos sem nos fixar em nenhum. Com o passar do tempo, vão ficando cada vez mais raros... Há quase 35 anos pratico diariamente o que considero um verdadeiro exercício de atenção. Às vezes só disponho de alguns minutos. Em outros momentos, medito por meia hora ou até mais.

É muito bom saber que atualmente está se desenvolvendo no Ocidente a prática de uma meditação totalmente secular, chamada "consciência plena". Graças, entre outros, ao psiquiatra Christophe André, ela é praticada na França em muitos hospitais psiquiátricos, e cada vez mais faz parte do conjunto de ferramentas terapêuticas. Presta uma ajuda considerável aos pacientes: em vez de ficarem ruminando sua imaginação sem freios, eles reaprendem a se conectar com as próprias sensações e a se estabilizar. Também se medita em prisões, em algumas empresas, e até escolas. Só lamento uma coisa: não gosto da expressão "consciência plena", que, em francês, está maculada por certa ambiguidade. Segundo nossa definição cartesiana, a consciência é reflexiva. Ora, a consciência plena não consiste em pensar nem em refletir, mas simplesmente em ficar atento. Em inglês essa prática é chamada de *mindfulness*. Prefiro denominá-la "atenção plena". Essa expressão me parece mais adequada, uma vez que essa meditação consiste em sermos meros observadores do que está acontecendo em nós, sem tentar compreender nem refletir. Um dos seus principais objetivos é desenvolver uma qualidade de atenção e de presença: graças a essa prática, ficamos mais atentos, inclusive a nós mesmos. E vemos emergir tantas coisas! Durante a prática as emoções são liberadas, aparecem luzes, e até alegrias profundas podem surgir. Muitas vezes são alegrias sem causa, que não estão ligadas a qualquer pensamento ou qualquer objeto em particular, mas simplesmente ao fato de estar ali, de existir, de estar presente de maneira benévola e atenta a si mesmo e ao mundo, em total disponibilidade. Quando uma alegria como essa surge em mim, eu não me levanto, não pulo, não bato palmas, continuo meditando. Inevitavelmente sinto desenhar-se um amplo sorriso no meu rosto, e se abrisse os olhos meu olhar provavelmente estaria brilhante. Uma respiração muito forte e profunda se instala em mim, e às vezes sinto necessidade de abrir os braços lentamente num gesto de boas-vindas, como se fosse ao encontro de um amigo querido. Às vezes, mais raramente, das profundezas da minha alma se eleva a tristeza. Em vez do sorriso, escorrem lágrimas. É este, eu sei, o preço a pagar pela atenção e a abertura. Mas essas lágrimas não deixam nenhum sabor amargo.

A CONFIANÇA E A ABERTURA DO CORAÇÃO

Abrir o coração é aceitar viver em certa vulnerabilidade, aceitar a chance de que tudo pode acontecer, inclusive ser magoado. É correr o risco de viver plenamente. Mas quase sempre preferimos nos enclausurar, nos proteger, nos contentar com sobreviver.

Conheci na vida muitas pessoas que, em diferentes graus, tinham se "blindado", como já contei a meu respeito, que haviam bloqueado as emoções, às vezes cercando seu coração com uma espécie de camada protetora para não sofrer mais.[3] Sofriam menos, claro, mas também interditaram seu acesso às alegrias profundas do amor. Aceitar a dor é o preço a pagar por uma vida emocional rica. Uma vida que vale a pena ser vivida. Um coração fechado permanecerá hermético a tudo, inclusive à alegria.

Todos nós somos às vezes abordados na rua por desconhecidos. Em geral, uma em cada duas pessoas se vira e continua seu caminho — pelo menos duas em cada três nas grandes metrópoles! Quase sempre usamos como pretexto a falta de tempo, mas na maioria das vezes simplesmente temos medo. Medo de que esse estranho nos incomode, nos ataque, nos peça dinheiro — na verdade, o mais frequente é que ele só precise de alguma informação banal. Tomei a decisão de nunca me fechar a esse primeiro contato: quando alguém me aborda, perco pelo menos alguns segundos para saber o que deseja de mim. Ouvir um agradecimento ou observação crítica, se for um leitor que me reconheceu, informar ao meu interlocutor uma direção ou o endereço da farmácia mais próxima, ou simplesmente sorrir ou dar algumas moedas se a pessoa está em dificuldades. Assim tive a sorte de fazer maravilhosos contatos entre esses "estranhos da rua" que me tocaram profundamente. Esses laços minúsculos abriram meu coração e me deram alegria.

Para abrir o coração é preciso ter confiança na vida. Essa confiança se adquire a partir das primeiras horas de existência, graças aos pais. Também é preciso que eles mesmos tenham tido confiança suficiente para dar vida e embarcar nessa aventura... As crianças depositam neles espontaneamente uma confiança incondicional. Mas por termos nos desiludido, sofrido, passado por experiências dolorosas ou traumáticas, às vezes perdemos, a partir daí, essa confiança na vida. Ficamos então com tendência a desconfiar do externo, do desconhecido, do mundo em geral. No entanto, é essencial superar esses medos, curar as feridas para aprender a recuperar a confiança, porque é o que nos permite seguir em frente. Nesse sentido, continuamos sendo crianças: sem ter confiança não se pode progredir. E, como vimos, as verdadeiras alegrias nascem dessa sensação de progresso, de segurança, e são amplificadas pelo sentimento de partilha.

A alegria muitas vezes bate à nossa porta sem aviso prévio. Devemos estar suficientemente atentos, presentes, abertos para aceitá-la e saboreá-la. Claro, isso não significa que devemos aceitar tudo alegremente e estar dispostos a tudo! É importante aprender a desenvolver nossa intuição e nossa capacidade de discernimento para evitar uma situação ou uma pessoa que poderiam ser nocivas. Mas a alegria não se cultiva na penumbra, ela se apresenta a céu aberto, ao acaso dos encontros.

A BENEVOLÊNCIA

Em seus fundamentos originais, o budismo não é uma sabedoria da alegria, mas uma sabedoria da renúncia ao desejo. Mas a alegria, *mutida*, não está ausente, muito pelo contrário, da sua prática. A estatuária nos lembra isto: as estátuas budistas mostram rostos sorridentes, às vezes plenos de alegria — ao contrário das estátuas gregas e romanas, que, por mais maravilhosas que possam ser, não transmitem essa felicidade interior.

No budismo, a alegria é evocada, sobretudo, quando invade o praticante que avança no darma, o caminho que conduz à iluminação. Reencontramos aqui o conceito de Espinosa sobre a alegria que acompanha todo progresso, toda vitória, todo aperfeiçoamento do ser. A tradição budista também explica que a alegria tem dois inimigos: um próximo e um distante. O inimigo próximo é a euforia, uma alegria superficial provocada pelo apego aos prazeres mundanos. É a alegria passiva descrita por Espinosa. O inimigo distante é a inveja, uma paixão triste ligada ao sucesso ou à felicidade dos outros. A alegria, ao contrário, é resultado de um amor altruísta que consiste em exultar com a felicidade do outro. Esse amor e a alegria que o acompanha têm suas raízes na benevolência, *maitri* em sânscrito, que o praticante sente por todos os seres vivos. São os pais que se alegram com o progresso dos seus filhos, os amigos ou amantes alegres com o sucesso daqueles que amam, mas também é uma alegria que pode ser sentida por todo ser que cresce, que se expande, que se completa. Essa alegria benévola é o melhor remédio contra o sentimento de inveja que muitos seres humanos têm diante do sucesso ou da felicidade dos outros... coisa particularmente comum nas nossas sociedades ocidentais, especialmente na França! Em vez de invejá-los, vamos aplaudir seu sucesso. Em vez de deixar a tristeza e o ressentimento se desenvolverem, vamos direcionar nossa mente à alegria. Em vez de denegrir os que triunfam, vamos comemorar publicamente seu triunfo. Isso implica sair da lógica doentia da concorrência. Por que perder tempo se comparando ou se avaliando? Será que essa pessoa é mais bonita que eu? E aquela outra, ganha mais dinheiro?

A comparação e o ciúme destilam infelicidade, ao passo que comemorar as qualidades e o sucesso do outro é uma fonte de alegria, confirmam com toda a razão os budistas.

A GRATUIDADE

Hoje vivemos num mundo onde a própria ideia de gratuidade é constantemente pervertida. Por um lado, os industriais nos oferecem mais e mais serviços ou informações chamados de "gratuitos", quer dizer, pagos com nossos dados ou com a publicidade que nos inculcam; por outro lado, nossas atividades e experiências são cada vez mais motivadas pela perspectiva de um ganho de dinheiro, de sucesso social, de reconhecimento... "Para que serve?", perguntamos quase sistematicamente antes de empreender qualquer coisa, mesmo fora do nosso ambiente profissional.

Em nossa defesa, direi que estamos dominados pela aceleração do ritmo de vida, cada vez temos menos tempo, nosso desempenho é cobrado em todos os níveis, e então consideramos que não há outra escolha senão privilegiar o que é útil. Essa correria é certamente uma das causas da diminuição, ou mesmo da ausência, da alegria em nossa vida. Observei este fenômeno por muito tempo em Paris, onde tão poucas pessoas são felizes. E também o senti fortemente durante uma estadia de dois meses em Nova York, na primavera de 2015. Além da acolhida sempre muito calorosa das pessoas que encontrei lá, não percebi depois uma alegria verdadeira na maior parte delas. Mas como poderia ser diferente? Vi muita gente estressada, e até exausta, submetida a uma constante pressão profissional e social, sem nunca tirar férias para se recuperar.

Para que a alegria possa florescer, não podemos ficar nessa permanente dimensão utilitária que impede a abertura e a disponibilidade. A alegria quase sempre surge quando não se espera nada, quando não se tem nada a ganhar. Frequentemente tenho que fazer conferências ou seminários ante um público numeroso. Às vezes sou remunerado, mas sempre solicito aos organizadores que permitam o acesso a preços moderados, ou mesmo gratuito, para aqueles que têm poucos recursos. Entretanto, além desses momentos úteis, procuro aceitar os convites de pequenas associações, ou livrarias de bairro, que estão familiarizadas com o meu trabalho e insistem, às vezes durante anos, em que eu vá falar para eles. E esses encontros, que não me rendem nada no plano material, muitas vezes são momentos extremamente calorosos de alegria compartilhada. Também respondi afirmativamente, há pouco tempo, ao comovente pedido de Emmanuelle, uma jovem que tinha acabado de abrir uma pequena livraria, um lugar simples, no subúrbio de Bastia, no meio de conjuntos habitacionais, e queria me receber lá. Por falta de espaço, tinha alugado uma sala municipal pensando em acomodar umas cinquenta pessoas, e ao final éramos quatrocentas, a maioria em pé! Guardo uma única lembrança desse momento: a alegria comunicativa, quase palpável, que nos dominou a todos.

Depois de deixar minha profissão de editor para me dedicar inteiramente à escrita, houve uma época, há uns vinte anos, em que eu tinha tempo para viver. E a gratuidade do tempo me era natural. Depois meus livros começaram a fazer algum sucesso, eu era cada vez mais solicitado e também assumi novas responsabilidades na mídia. Além disso, me endividei para comprar uma bela casa no sul da França, e tinha que trabalhar cada vez mais para pagar o empréstimo e atender a múltiplas demandas. Meus momentos de tempo livre se reduziram drasticamente, e meus momentos de alegria murcharam. Então tomei a decisão de sair da revista que dirigia, *Le Monde des Religions*, aparecer menos na mídia, limitar o número de minhas intervenções públicas, e também resolvi vender minha propriedade para saldar a dívida e em troca comprar uma casa bem mais modesta. Hoje tenho lapsos de tempo disponíveis que me pertencem totalmente, nos quais não tenho nada de urgente a fazer, minha mente fica livre de qualquer preocupação, e também tenho a oportunidade de me defrontar comigo mesmo, coisa que a hiperatividade impede. De repente reencontrei a alegria de aproveitar a natureza, de viajar, de passear pela cidade, de entrar numa livraria. Redescobri a felicidade de fazer tudo o que tinha perdido gradualmente o hábito de fazer. E me abri de novo gratuitamente à vida.

A GRATIDÃO

Tenho consciência de que recebi muito da vida. Tive a sorte de ter pais cultos, com os quais aprendi muito. Quando era criança, meu pai passava boa parte do seu tempo livre lendo livros para nós. Quando cheguei à adolescência, ele me apresentou a filosofia. Foi uma revelação. A leitura dos diálogos socráticos, e, depois, de Epicuro e dos estoicos, me abriu um questionamento existencial que nunca me deixou: o que é uma vida boa, bem-sucedida? Quais são os valores que permitem orientar e guiar a nossa vida? Como conciliar o corpo e a mente? Uma felicidade duradoura é possível? Como agir diante da difícil prova do mal, do sofrimento? Existirá no ser humano uma parte imortal?

Minha família tinha um bom padrão de vida e nunca me faltou nada no plano material. Sou bastante saudável, conto com muitos amigos pelo mundo afora e tenho a felicidade de viver da minha paixão (no sentido comum e não espinosano do termo): a escrita. Agradeço todos os dias por tudo isso à fonte ou mistério profundo da vida — seja qual for o nome que lhe dermos. Agradeço só por estar aqui, por ter saúde, por fazer o trabalho que me agrada, por encontrar pessoas que me apreciam e ajudam a crescer. São outros tantos presentes da vida. Não devemos esperar até viver uma dificuldade para tomar consciência disso. "Reconheci a felicidade pelo barulho que ela fez ao sair", escreveu, com razão, Jacques Prévert.

Tomei consciência disso certa manhã em que acordei com torcicolo. Estava sentindo dor e comecei a esbravejar, até perceber que já havia acordado milhares de vezes em boa forma e sem torcicolo. Quantos milagres! A partir desse dia, adotei um hábito: depois de acordar, sempre começo meu dia agradecendo. E isso me deixa alegre. Ainda na cama, ou quando me levanto, digo obrigado a Deus, pois este é o nome que dou ao mistério da vida. Mas um "obrigado à vida" pode ser suficiente. Obrigado por estar vivo, por ter vontade de viver este dia, por ter tantas oportunidades de me alegrar. Não sei mais começar um dia sem expressar essa gratidão. E faço a mesma coisa quando vou me deitar.

Houve um tempo — durante muitos e muitos anos — em que eu não conseguia adormecer. Quando fechava os olhos, todas as preocupações do dia voltavam à minha mente. Em vez de relaxar, ficava pensando em soluções, apareciam arrependimentos e muitos problemas novos. Nossa memória guarda mais o negativo do que o positivo. Essa capacidade está ligada ao próprio processo da evolução: para sobreviver, os seres humanos aprenderam a memorizar os perigos e os medos. Mas não estamos mais na Idade da Pedra! Temos que nos forçar a sair desse processo biológico inconsciente, e até revertê-lo, e memorizar primeiro os bons momentos. Uma amiga de Quebec, Christine Michaud, que leciona psicologia positiva, me ensinou este pequeno truque: pouco antes de adormecer, lembro com gratidão cinco fatos positivos — ainda que sejam mínimos — que ocorreram durante o dia: uma boa notícia, um encontro agradável, uma leitura, algum momento de prazer. Depois durmo bem melhor, muitas vezes com alegria no coração.

A gratidão é, primeiramente, agradecer à vida, não ser ingrato com ela, e também saber devolver o que ela nos deu. A vida é um intercâmbio constante. Recebemos e aprendemos a dar. E dar é também transmitir. Inclusive um saber. Escolhi escrever livros para o chamado "grande público", livros acessíveis, legíveis por todos, em vez das obras acadêmicas como a minha formação universitária me destinava a fazer. Publiquei livros nesse estilo e organizei três enciclopédias — que, felizmente, ainda existem —, mas pouca gente os lê. Preferi divulgar para um público amplo os elementos de reflexão filosófica, psicológica e espiritual que me ajudaram a viver melhor. Queria que aqueles que não puderam passar anos, como eu, com o nariz enfiado nos textos de Platão ou Aristóteles, de Espinosa ou de Jung, do budismo ou da Bíblia, também pudessem descobrir e aprender suas mensagens de sabedoria. Eu tinha essas ferramentas, e as coloquei à disposição de um grande número de leitores. Transmitir o conhecimento é parte do intercâmbio fundamental da vida, e por essa alegria vale a pena suportar as críticas ou opiniões negativas daqueles que querem ver minha iniciativa como degradação do saber ou simplesmente busca do lucro.

A PERSEVERANÇA NO ESFORÇO

Bergson observou que as grandes alegrias criativas, as únicas que ele realmente considera, são sempre resultado de um esforço. E relaciona esse esforço com a resistência da matéria:

> A matéria provoca o esforço e o torna possível. O pensamento que é apenas pensamento, a obra de arte que é apenas concebida, o poema que é apenas sonhado não valem a pena ainda; o que exige esforço é a realização material do poema em palavras, da concepção artística em estátua ou imagem. O esforço é duro, mas também é valioso, mais valioso até que a obra em que culmina porque, graças a ele, extraímos de nós mesmos mais do que havia, nos elevamos acima de nós mesmos.[4]

Concordo totalmente com essas palavras, e as aplicaria a qualquer outro trabalho que nos exija um esforço. A perseverança no esforço até realizarmos o nosso projeto é quase sempre uma fonte de alegria. Ainda me lembro da que me invadiu quando pus o ponto final na minha tese de doutorado, depois de sete anos de trabalho!

Na primavera de 2015, também tive uma grande alegria, em Nova York, que veio coroar um esforço prolongado e dispendioso. Havia anos eu era convidado a dar palestras em vários países anglófonos, mas o meu nível de inglês, muito escolar, sempre me impedia de aceitar, e eu lamentava profundamente. Então, um dia, meu editor francês me disse que uma editora americana queria publicar meu livro *Sobre a felicidade: uma viagem filosófica* e organizar uma grande turnê de divulgação... com a condição expressa de que eu pudesse falar em inglês! Uma força dentro de mim me impulsionou a responder: "Sim, eu vou", mesmo sabendo que era totalmente incapaz de fazê-lo. Então começou a contagem regressiva: ainda tinha seis meses para aprender a falar inglês quase fluentemente... Durante quatro meses fiz aulas diárias de conversação pelo Skype, revi as bases da gramática, aprendi centenas de palavras úteis ao meu campo de trabalho e, por fim, passei dois meses de imersão em Nova York. O teste decisivo ocorreu com minha primeira entrevista na maior estação de rádio pública do estado de Nova York. Eu estava muito angustiado na hora de entrar no estúdio. Durante trinta minutos, respondi a perguntas ao vivo de jornalistas e ouvintes. Tudo correu muito bem, e meu assessor de imprensa me parabenizou calorosamente. Quando me vi sozinho na calçada, uma emoção enorme tomou conta de mim. Ergui os braços para o céu e agradeci. Minha alegria era proporcional ao esforço assumido e à angústia superada.

Todos nós já tivemos a experiência de belas alegrias como essa, fruto da perseverança no esforço.

O DESAPEGO E O CONSENTIMENTO

Não suportamos o aleatório, o acaso, o imponderável. Gostaríamos de ter, mesmo que seja fantasia, um controle absoluto sobre a nossa vida. Nós resistimos, nos aferramos, pensamos nisso o tempo todo, analisamos o passado para tentar entender o que não funcionou, para nos projetar melhor no futuro e tentar controlá-lo. Não aceitamos que a menor engrenagem do presente nos escape. O oposto desta atitude é o "desapego", que consiste em aceitar um acontecimento quando percebemos que não podemos mudar seu curso, em vez de reagir com raiva, de nos remoer de arrependimento, de nos deixar dominar por emoções negativas.

Já mencionei a sabedoria estoica que nos recomenda não lutar em vão contra os fatos da vida que não dependem de nós. O desapego, neste sentido, não é fatalismo, e sim um distanciamento, uma forma de indiferença. É aceitação da vida. Por isso, quando nos defrontamos com um problema que não podemos resolver e aceitamos as coisas como elas são, estamos aptos a nos deixar levar pela alegria. Que está ligada ao avanço da consciência, ao esforço que essa consciência fez para superar uma raiva, uma angústia, uma irritação, e à vitória que conquistou.

Pude viver essa sensação de forma muito concreta há uns dez anos. Nessa época eu às vezes circulava de carro em Paris. Certo dia, que ia ser uma verdadeira correria de uma reunião importante para outra, peguei o carro, pensando em poupar tempo. Mas estava atrasado para um almoço com minha editora alemã e não queria lhe causar má impressão logo de saída. Na pressa, estacionei de qualquer jeito, e aconteceu o que tinha que acontecer: quando saí do restaurante, meu carro tinha desaparecido, levado por um reboque. A raiva tomou conta de mim. Pensei na multa que ia pagar, no tempo que perderia para recuperar o carro, nas reuniões decisivas a que iria faltar. Comecei a esbravejar e, de súbito, a lembrança agradável do meu almoço e o prazer daquele encontro se evaporaram. De repente, uma vozinha me sussurrou: "Será que o caso é mesmo tão grave para deixar você nesse estado?". Olhei para cima e suspirei. O tempo estava bonito, um dia de verão luminoso. A vida era amena, ela me sorria, eu trabalhava com o que amo fazer. Será que aquela desagradável história de reboque conseguiria estragar o meu dia? Nesse exato momento, no mesmo instante em que me desapeguei, uma alegria poderosa me invadiu. Transbordando de alegria, comecei a rir, e ri do meu carro rebocado. Cancelei todos os compromissos e fui alegremente recuperá-lo. Depois desse incidente o vendi. Desde então, em Paris, ando a pé, de bicicleta, pego transportes públicos ou táxis, ou alugo um carro quando preciso viajar nos fins de semana. Assim me libertei de muitos problemas práticos!

A partir do momento em que não temos mais a obsessão de controlar tudo, adotamos uma atitude de abertura do coração, uma disponibilidade de espírito propícia para a alegria. Quando aceitamos o desapego em momentos de irritação ("meu carro foi rebocado", "meu trem parou e vou perder a baldeação", "minha conexão de internet não funciona"...), é como se aceitássemos, em vez de lutar como um cão correndo atrás da carroça, adaptar-nos ao tempo da vida. A vida me trouxe até aqui? Então vou acompanhar seu movimento, seu fluxo. Pura e simplesmente porque não tenho outra opção.

Aqui chegamos ao cerne da filosofia taoista, que foi uma reação contra o pensamento confucionista. Confúcio disse: para sermos felizes, temos de ser virtuosos; e para sermos virtuosos devemos imitar a ordem cósmica. Tudo é previsível na ordem cósmica, e isto é reconfortante: o sol nasce exatamente na hora prevista e se põe perfeitamente na hora anunciada; a exatidão dos planetas é deslumbrante; sabemos quase até o dia em que um cometa vai passar no nosso céu. Os taoistas adotaram uma lógica diferente. Eles reconhecem a beleza da ordem cósmica, mas verificam que vivemos na Terra, não no céu. E na Terra nada é previsível. Podemos descobrir a que horas o sol nascerá dentro de trezentos anos, mas não que tempo vai fazer amanhã. Cá embaixo reinam o caos, o fluxo, o movimento, a incerteza. A filosofia do Tao não propõe uma busca da serenidade, da ataraxia, tão cara aos sábios gregos ou confucionistas. Sua busca é a alegria. Seu caminho é acompanhar alegremente — de coração aberto — o fluxo natural da vida.

* * *

Um dos maiores pensadores taoistas chamava-se Chuang Tzu. Pouco se sabe sobre ele, exceto que viveu no século IV a.C. Provavelmente sucedeu o fundador Lao-Tsé. É atribuída a ele a autoria de um dos textos essenciais dessa tradição, que tem seu nome como título. Chuang Tzu dá o exemplo de um nadador que tenta atravessar um rio. Os rios chineses são vigorosos, agitados por correntes impetuosas. Exatamente como o fluxo da vida, diz ele. A maioria dos nadadores tentará lutar contra essas correntezas com todas as suas forças e energias, ficará exausta inutilmente e a maior parte deles acabará se afogando. Quanto mais forte é a corrente, diz Chuang Tzu, menos devemos lutar contra ela. Sempre com a intenção de atingir a outra margem em mente, devemos aderir ao fluxo da correnteza e nos deixar levar por ela, sem resistência. Acabaremos atravessando o rio e chegando sãos e salvos, sem esforço, à margem oposta que queríamos alcançar.

Tive a oportunidade de conversar, na Aquitânia, com um grupo de salva-vidas. Eles me falaram de uma corrente submarina particularmente perigosa que às vezes atravessa a costa do Atlântico, perto do litoral. E me explicaram que, quando um nadador é capturado por essa correnteza, não deve tentar lutar de jeito nenhum, mesmo se estiver a poucos metros da praia: corre o risco de perder as forças em vão e se afogar. A única maneira de sair é… virar-se de costas, boiar e ficar flutuando. Inicialmente essa correnteza, conhecida como agueiro, nos afasta da costa. Mas logo em seguida nos traz de volta até onde dá pé. Certamente longe do nosso ponto de partida, mas, ao nos deixarmos levar pela água, escapamos do afogamento. Essa é exatamente a regra que Chuang Tzu nos oferece, se a estendermos para o conjunto da nossa existência. Quando nos vemos entre correntes contrárias, não devemos nos debater e sim nos deixar levar, aguardando o momento oportuno para realizar a ação que nos permita atingir nosso objetivo. Esperando que a correnteza, de alguma forma, volte a ser favorável.

O pensamento taoista é uma filosofia da oportunidade. A "não ação" que prega não consiste em nunca agir, mas em agir de acordo com o movimento da vida — sem perder de vista seus próprios objetivos, suas próprias intenções, mas sem tentar atingi-los de forma imediata e a qualquer preço. Se a vida se opõe, devemos nos deixar levar por seu fluxo. Atingiremos esse objetivo mais tarde, ou nunca, se, no intervalo, mudamos de objetivo. De fato, a vida às vezes nos traz o que na hora consideramos uma provação, tornando-nos conscientes de que a meta que nos propusemos a atingir não era o melhor. Já contei em outro livro[5] como às vezes estava em crise depois de me demitir do meu cargo de editor, aos trinta anos, para me dedicar totalmente à escrita, e como o destino felizmente me ajudou muito a continuar nesse caminho, fechando várias portas de trabalhos chamados "alimentares" que eu havia pretendido durante períodos de dúvida e de dificuldade financeira.

A experiência taoista do desapego nos introduz na alegria do fluxo. Aceitando esse fluxo, optamos por acompanhar o movimento da vida, abraçar suas formas fulgurantes, por vezes surpreendentes. Por assumir o risco de viver permanentemente desestabilizados. E, se a vida não segue o curso que queríamos, não haverá talvez uma lição a tirar disso? Quem sabe concluímos que é necessária uma mudança de vida, que é ilusório insistir com as mesmas intenções que tínhamos estabelecido? Quem sabe, também, um dia as portas se abrem e as coisas acontecem.

A vida, de fato nos desestabiliza permanentemente, será que devemos nos queixar disso? Imaginem, em contrapartida, uma vida regulada como um relógio, na qual sempre se sabe o que esperar. Que chatice! Então, que nos deixemos levar com alegria, sorrindo, em vez de nos irritar à toa e sofrer ainda mais. O desapego nos leva à aceitação tanto das coisas insignificantes do cotidiano como dos acontecimentos mais importantes. Não é preciso ser um grande sábio para chegar a isso. Podemos traduzir este "sim" ao cotidiano em pequenas experiências que podem, aqui e agora, nos ajudar a lidar com as preocupações diárias. Podemos aprender, porque se trata de um aprendizado, a utilizar as contrariedades para descobrir o lado positivo... e a alegria.

O GOZO DO CORPO

Se o desapego e o consentimento nos proporcionam alegrias mediante um trabalho da mente, gostaria de voltar ao corpo para encerrar este capítulo. Mencionei nas primeiras páginas deste livro a importância da percepção sensorial como porta de acesso à alegria. Mas nosso corpo não é uma fonte de alegria apenas pela qualidade da atenção que damos aos sentidos. Ele nos proporciona alegria através da harmonia, do equilíbrio, do poder, da flexibilidade, da habilidade que emanam dele quando está em simbiose com nosso coração e nosso espírito. Não é sempre, obviamente, que isso acontece, mas quando vivenciamos esses estados, quando os saboreamos, somos tomados por um sentimento de profunda alegria. No meu caso particular, desenvolvi essa sensação com as artes marciais, particularmente judô e caratê, que pratiquei dos oito aos dezoito anos. Sem dúvida, foi principalmente graças a essa prática que aprendi a me reconectar com o meu corpo, a amá-lo, a senti-lo como um todo, com sua força, sua harmonia. A velocidade dos movimentos, a precisão dos gestos, a exata tensão dos músculos dão um sentimento de alegria de viver, de potência de existir. É o que sentimos também ao nadar, correr, dançar, ou até mesmo quando simplesmente andamos. Quando estou em boa forma física, às vezes transformo a mecânica dos meus passos em uma caminhada consciente, que busca o gozo de um corpo saudável, desenvolvido. Esta é uma forma de meditação que Buda ensinava assim aos seus discípulos: "Concentrem sua atenção na caminhada, com as faculdades dos sentidos voltadas para dentro e a mente que não se vai". Às vezes eu também pulo, danço, me deixo levar por movimentos amplos. Isso, evidentemente, acontece com mais frequência quando estou passeando na natureza do que quando ando pelas ruas da cidade! Mas adoro sentir e repercutir essa exultação do corpo.

É também, naturalmente, a experiência que temos nas relações sexuais: a alegria de fazer amor prestando plena atenção em todas as delícias sensoriais. E essa alegria é multiplicada por dez quando nosso coração vibra em uníssono com o do parceiro. O prazer pode se tornar uma verdadeira experiência sagrada. Estamos plenamente presentes em nossos corpos, em seus abraços, na osmose das nossas almas e nossos corações. Vivemos uma experiência em que nosso ego se expande, explode, nossos pensamentos param, nossos dois seres são um só, e ao mesmo tempo nos sentimos ligados a todo o universo. Isso não acontece todos os dias, mas que potência de vida e de alegria podemos experimentar através da sexualidade!

Por essa razão, é crucial cuidar do próprio corpo, fazer tudo para manter a saúde com uma alimentação saudável e equilibrada, bom sono, exercícios físicos. Schopenhauer, que, no entanto, era muito cético quanto à questão da felicidade, afirmava que a coisa mais importante para ser feliz era caminhar pelo menos duas horas por dia, se possível na natureza! Não há dúvida de que o cuidado com o corpo, nosso amor por ele (sem tornar-se excessivo ou exclusivo), nossa capacidade de senti-lo e uni-lo harmoniosamente com o nosso espírito são condições essenciais para a eclosão da alegria.

4. Tornar-se si mesmo

O mais ignorante dos homens é aquele que renuncia ao que sabe sobre si mesmo para adotar a opinião dos outros.[1]

AHMAD IBN ATA ALLAH,
MESTRE SUFI DO SÉCULO XIII

Passamos em revista certo número de atitudes que nos permitem criar um terreno, um clima e uma disposição de espírito propícios para receber a graça da alegria. No entanto, essas alegrias são efêmeras: quando nos desapegamos, quando dizemos obrigado à vida, quando temos uma vitória sobre nós mesmos, nossa alegria, plena e intensa, tem um sabor de absoluto, mas continua fugaz. Espinosa foi o primeiro a perguntar se existia um caminho que permitisse tornar a alegria mais constante, ou mesmo permanente. Em outras palavras, será possível criar um "estado de alegria" assim como se pode criar um estado de felicidade, de serenidade duradoura, de ataraxia, o estado de ausência de perturbação a que aspiravam Buda e os filósofos da Antiguidade? No caso, não seria necessariamente uma alegria exuberante que nos levaria a pular, dançar, exultar, mas sim uma alegria doce e profunda, que faria o nosso ser vibrar permanentemente com o movimento da vida.

Acho que podemos nos encaminhar para esse estado. E que existem não uma, mas duas vias, bem diferentes à primeira vista, mas na realidade complementares, de conduzir-nos a isso.

A primeira é ir em direção a si mesmo: é o que eu chamo de alegria da libertação.

A segunda via é estender a mão para os outros e dizer sim ao mundo: é a alegria da comunhão.

Veremos que esses dois caminhos de liberdade e de amor, de desligamento e religamento, convergem em direção ao que alguns filósofos e os grandes guias espirituais chamam de "alegria perfeita", aquela que não está vinculada a nenhuma causa externa e que nada pode interromper.

O PROCESSO DE INDIVIDUAÇÃO

A primeira maneira de desenvolver uma alegria ativa, permanente, é ir em direção a si mesmo, para se tornar plenamente si mesmo. Este caminho começa com um trabalho de introspecção: nós nos examinamos tentando identificar tudo, em nós, que não é nós e que foi mais ou menos imposto de fora pela nossa educação e a nossa cultura. São ideias, crenças sobre a sociedade, sobre Deus e sobre nós mesmos que costumam calar e sufocar o nosso verdadeiro "nós". E, assim, nos entristecer. A partir disso, podemos começar a nos desligar, isto é, a nos livrar desses vínculos. Somos feitos de vínculos, eles são necessários: não podemos viver sem a comunidade, sem a família, sem valores, sem crenças que herdamos desde o princípio. Mas também é necessário, se queremos chegar à alegria mais profunda, ter um olhar crítico sobre esses vínculos e descartar aqueles que nos incomodam. Este caminho, que chamo de "desligamento", constitui o primeiro grande passo para a libertação.

Também poderíamos falar de "processo de individuação" a partir do psiquiatra suíço Carl Gustav Jung, discípulo de Freud que se distanciou do mestre. Esse processo de individuação geralmente acontece na metade da vida, entre os 35 e os cinquenta anos, quando tomamos consciência — através do confronto com a experiência — da nossa verdadeira natureza e das nossas reais aspirações. Então entendemos que certo número de elementos da nossa vida não está de acordo com nossas aspirações mais profundas. Fulano queria trabalhar com finanças, mas seu pai, pianista, orientou-o para a arte, campo em que não se desenvolveu bem. Inversamente, um banqueiro poderia ter sonhado ser ator, mas seus pais o dissuadiram: "Isso não é uma profissão que dê para viver!". Outro queria prosseguir seus estudos, mas lhe repetiram tanto: "Você não vale nada" que acabou acreditando e entrou muito cedo no mundo do trabalho, com a vida inteira marcada por essa afirmação. Outro ainda, que ganhava brinquedos de menino quando só queria brinquedos de menina, foi condicionado a assumir uma identidade masculina, nunca se atreveu a desenvolver sua sensibilidade feminina e se sente muito mal com isso.

O processo de individuação é um trabalho de desligamento decorrente de um duplo esforço de introspecção: tomar consciência do que não nos convém, do que não é nós, e, ao mesmo tempo, daquilo que somos de verdade, das nossas necessidades reais e da nossa natureza profunda. Aquela que não foi sufocada por pensamentos e crenças familiares e culturais do meio onde o acaso — ou o destino — nos fez nascer, inclusive o fruto de arquétipos do inconsciente coletivo — uma pessoa nascida na França não tem o mesmo inconsciente coletivo que outra nascida na Índia ou no Brasil. Devemos reconhecer que somos produto de uma linhagem, de um ambiente, de uma cultura, mas também existe dentro de nós um "substrato" original, vamos chamá-lo de "personalidade", que é singular, profundo, único e detectável desde cedo. De fato, desde as primeiras semanas de vida podemos distinguir as características particulares da personalidade de um bebê: ansioso ou alegre, introvertido ou expansivo, ativo ou calmo, suave ou colérico. Freud enfatiza a influência do ambiente na formação da personalidade, enquanto Jung, sem negar essa influência, pensa que existe, anteriormente a ela, o que ele chama de "temperamentos fundamentais", também se poderia dizer "caracteres", dos quais elabora uma tipologia. Aristóteles, há muito tempo, já havia pressentido isso. Em sua *Ética a Nicômaco* o filósofo grego indicou a existência de um caráter especial em cada ser: "O que existe em si mesmo e a própria substância são anteriores, para a natureza, ao que existe em relação, que é aleatório e acidental no ser".[2] Para ser feliz, diz ele, cada pessoa deve se realizar de acordo com sua natureza:

> Pois sentir prazer interessa à alma e a aprovação de cada pessoa depende de suas inclinações. Por exemplo, um cavalo agrada ao amante de cavalos, um espetáculo ao amante de teatro; da mesma forma, a justiça a qualquer pessoa que ama a justiça e, em suma, os atos virtuosos a quem ama a virtude.[3]

Uma das formas de acesso à alegria, portanto, é aderir à famosa injunção socrática: "Conhece-te a ti mesmo", que foi gravada no frontão do templo de Delfos. Conhecer-se para levar, como dirá Jung depois de Aristóteles, uma vida coerente com nossa natureza e nossas aspirações mais profundas.

CONHECE-TE A TI MESMO... E TORNE-SE QUEM VOCÊ É

A maneira mais óbvia de autoconhecimento é a introspecção. Ela consiste num trabalho de observação cuidadosa de nós mesmos, da nossa sensibilidade, das nossas motivações, dos nossos desejos, das nossas emoções. Uma análise das experiências que tivemos e do que elas nos provocaram. As nossas experiências nos falam, se aceitarmos ouvir a sua mensagem: "Você está infeliz insistindo nesse caminho, talvez se realizasse naquele outro". "Isso lhe faz bem, isso faz mal". Entendemos perfeitamente esta abordagem quando se trata, por exemplo, de alimentação. Nem todos os alimentos nos beneficiam, alguns podem até provocar doenças, enquanto para outros eles são totalmente inofensivos. Certas pessoas são alérgicas a glúten ou a leite de vaca, enquanto outras os toleram muito bem. A mesma coisa se aplica à nossa vida emocional, profissional, social. Há pessoas que só estão bem ficando sozinhas, outras têm que estar constantemente cercadas de gente, mas a maioria precisa, para se desenvolver, alternar momentos de solidão e de sociabilidade. A experiência é que dirá a cada um o que mais lhe convém. Quando nos chama ao entendimento, Espinosa diz: "Observe o que lhe dá alegria e o que deixa você triste". Se fico triste toda vez que abro um livro de matemática para resolver equações, provavelmente terei mais interesse em outra atividade. Se, pelo contrário, ler filosofia ou poesia me enche de alegria, não há dúvida de que este é o caminho que corresponde ao meu temperamento. E não dou este exemplo à toa: é o meu caso. Percebi logo que eu não era "matemático", uma dessas pessoas de quem se diz espontaneamente "Ele tem jeito para matemática"; E não insisti: no final do sexto ano, abandonei completamente a matemática, matéria em que colecionava zeros, e, aliás, creio que teria sido impossível continuar minha escolaridade se tivessem me obrigado a continuar estudando matemática.

O princípio de discernimento consiste em observar-se com clareza e sem a priori. Como qualquer outra atividade, isso também se aperfeiçoa com o treinamento. Implica um distanciamento em relação a si mesmo e, principalmente, um recuo racional. Sem esse esforço de discernimento, com frequência acabamos esgotados e não sendo nós mesmos. Assumimos um papel, uma personalidade, desejos que não são nossos. Mostramos uma imagem de nós mesmos que corresponde ao que os outros esperam de nós. Ou ao que imaginamos que esperam de nós, para agradá-los, para ser socialmente aceitáveis. Todo mundo quer ser amado, todo mundo tem, fundamentalmente, necessidade de reconhecimento. Se não fomos suficientemente reconhecidos na infância, se o amor dos nossos pais nem sempre foi justo, adequado, ou se foi vivido como uma experiência ruim, quando adultos estaremos sempre em busca de aprovação. Foi o que me aconteceu. Passei anos tendo necessidade de agradar aos outros, à custa de mim mesmo. Pensava que só assim poderia ser gentil. Dizia que sim quando queria dizer que não. Aceitei coisas que me causaram dor ou sofrimento. Quando jovem, levei algum tempo para perceber que estava infeliz. Então decidi começar um trabalho terapêutico que me ensinou a ser eu mesmo, progressivamente. Primeiro entendi, graças à psicanálise, que eu vivia inconscientemente sob o olhar do meu pai. Não me permitia correr o risco de desagradá-lo, o que também me levou a buscar constantemente a aprovação dos outros querendo agradá-los de qualquer maneira. Para complicar as coisas, também recebi do meu pai, sempre inconscientemente, uma ordem paradoxal que bloqueava o meu próprio êxito social: "Seja alguém importante, mas não me supere".

O trabalho psicanalítico me ajudou a descobrir e entender o problema, mas nem por isso eu conseguia me libertar. Aconselhado por um amigo psicólogo, decidi trabalhar com minhas emoções e me inscrevi num grupo de Gestalt-terapia. Fomos para o campo, umas vinte pessoas reunidas em torno de dois terapeutas. De cara, uma primeira sessão de relaxamento no escuro nos mergulhou num estado ligeiramente alterado de consciência que nos deixou muito receptivos. Deram-nos papel e lápis e pediram, ainda no escuro, que fizéssemos desenhos do nosso corpo. Esses papéis revelaram as silhuetas cada qual mais extravagante que a outra. O corpo que eu tinha esboçado era bastante estruturado, mas completamente assimétrico: um lado era enorme, o outro atrofiado, com uma perna e um braço ridiculamente pequenos. Esse personagem também dava a impressão de estar acorrentado, quase sufocado. Um dos terapeutas se pôs à minha frente: "O que está sentindo?". Eu não sentia nada. Ele insistiu, repetiu a pergunta, finalmente senti um aperto no peito e, logo depois, me engasguei. O segundo terapeuta, o mais robusto dos dois, me perguntou se podia intensificar essa sensação desagradável. Respondi que sim, e imediatamente ele me apertou por trás. Uma raiva foi crescendo em mim, gritei que ele me soltasse, cada vez mais alto, estava me debatendo quando o primeiro terapeuta me perguntou: "Com quem você está falando?". Eu respondi espontaneamente, chorando de raiva: "Com meu pai!". Era óbvio. Estava vendo o meu pai. Pus para fora a raiva que me oprimia, finalmente consegui dizer que ele me sufocava, me impedia de ser eu mesmo. Lutei, me debati, gritei. Em menos de uma hora me libertei do domínio que o olhar do meu pai tinha sobre mim e tomei consciência de que, para não me afirmar socialmente, acabei atrofiando minha parte masculina (aquela mesma que estava atrofiada no meu desenho) e desenvolvendo a feminina: a criação, a poesia e a sensibilidade. Eu não era plenamente eu mesmo. Ao final dessa experiência, saí cantando pela rua. Estava me sentindo livre como um pássaro que fugiu da gaiola. E vivi essa alegria intensa por várias semanas, o que fez surgir em mim uma capacidade de alegria ainda mais profunda. Nos meses seguintes, comecei a me afirmar e pela primeira vez consegui dizer não a uma pessoa a quem nunca tinha ousado recusar qualquer coisa, o que fez crescer ainda mais a alegria da minha emancipação. Quando percebi que aquilo não havia criado nenhum problema e que, pelo contrário, além de me libertar também libertara o outro, comecei a saber dizer não, a me livrar gradualmente do olhar dos outros, de suas críticas, tanto quanto dos seus elogios. Uma vez que você entende que é estúpido e inútil tentar ser amado por todos, tira um grande peso das costas. E isso também se aplica a todas as situações profissionais. Quando um colega não gosta de nós, o problema é dele, não nosso. Ele pode ter motivos justos ou injustos, legítimos ou ilegítimos, não importa! É impossível viver com alegria dependendo permanentemente da crítica ou do julgamento dos outros.

O CAMINHO DA LIBERTAÇÃO SEGUNDO ESPINOSA

A introspecção, às vezes baseada num trabalho terapêutico, nos permite assim descobrir quem realmente somos e nos libertar do olhar dos outros, a começar pelo mais determinante: o dos nossos pais, e tudo o que nos impede de crescer e nos desenvolver. Até agora discuti, principalmente, o peso dessas influências externas. Mas é no nosso condicionamento interno (quaisquer que sejam as causas, quase sempre externas, mas também, às vezes, internas) que precisamos focar nossa atenção para nos libertar: nossos afetos, emoções, impulsos, desejos e crenças. Para ganhar mais liberdade e, portanto, alegria, temos que aprender a quebrar as correntes da nossa escravidão interna. Em muitos casos, somos, primeiramente, escravos de nós mesmos, e saber isso é um antídoto para a vitimização. É tão mais fácil culpar os outros por todos os nossos problemas!

Esta é a perspectiva do budismo que visa, por um longo caminho de meditação e introspecção, a se libertar da escravidão interna e atingir a Iluminação, a experiência última de libertação. Voltarei brevemente ao assunto no próximo capítulo, dedicado à alegria perfeita. Fiquemos aqui com a perspectiva filosófica, a de Espinosa, o grande pensador ocidental da libertação interna.

Espinosa, como vimos, foi o anunciador do Iluminismo ao exigir exatamente a instauração de uma república laica que respeitasse as liberdades de consciência e de expressão. Ele é, então, o apóstolo moderno da liberdade, no sentido mais difundido em nossas sociedades ocidentais. Mas muitas vezes esquecemos que é, ao mesmo tempo, o grande pensador da liberdade interna: Espinosa lembra que os seres humanos não nascem livres, mas se libertam mediante um esforço racional de compreensão das causas das suas emoções e ideias. Todas as nossas liberdades sociais e políticas duramente conquistadas são infinitamente preciosas: a liberdade de escolher seu cônjuge, sua profissão, seu local de moradia, sua vida sexual, liberdade de crença e de expressão. Elas foram conquistadas com muita luta, e continuamos a defendê-las ardentemente. Em seu tempo, como vimos, Espinosa foi perseguido devido a suas opiniões políticas e religiosas, perdeu sua família, seus amigos, quase foi assassinado e precisou escrever de forma às vezes obscura para não ser perseguido. Esse homem passou a vida sofrendo a impossibilidade de se expressar livremente. No entanto, esse mesmo homem nos ensina que a maior escravidão, a que nos traz mais sofrimento, é a escravidão diante de nossas próprias paixões. Nada é mais importante que realizar este paciente trabalho em nós mesmos: nos libertar dos nossos tiranos interiores, não só para obter alegria, mas também para melhorar o mundo. Escutemos esse homem e continuemos mais um pouco ao seu lado!

Já vimos que o pensamento ético de Espinosa se baseava no *conatus*, o esforço que qualquer organismo vivo realiza para persistir em seu ser e aumentar sua vitalidade. Nos seres humanos, o *conatus* se disfarça de desejo, palavra usada num sentido muito amplo: no caso, todos os esforços, impulsos, apetites e vontades do homem, diz Espinosa,[4] para quem o desejo constitui a "própria essência do homem".[5] A escravidão do homem reside numa orientação errada de seus desejos. Ele é triste, infeliz e impotente porque seus desejos são dirigidos a objetos que reduzem seu poder em vez de aumentá-lo. Portanto, o processo de libertação, que nos permite passar da tristeza e das alegrias passivas às alegrias ativas, não consiste em reprimir ou suprimir os desejos, mas em reconhecer o que é bom e o que é ruim para nós, a fim de redirecionar nossos desejos para os objetos que nos elevam.

Ao contrário dos estoicos, Espinosa não acredita que somente a força de vontade seja o bastante para mudar. Não contrapõe, diferentemente de Platão, Descartes ou Kant, a racionalidade à afetividade. Para ele, a afetividade não é um mal que a força da razão e da vontade possa domar. O que constitui um mal é a passividade na afetividade ou no desejo, que teremos, então, que transformar em atividade graças ao discernimento racional. Nisso ele também difere do ponto de vista do budismo que, associando corretamente a tristeza ao desejo, propõe eliminar o desejo, fonte de apego. Espinosa afirma que, ao contrário, sendo o desejo a essência do ser humano, os afetos constituem o motor de toda a sua existência. Não se trata então de reduzir a nossa afetividade, mas de iluminá-la para enriquecê-la, orientá-la de forma adequada. É necessário, em sua linguagem própria, transformar nossas paixões — ligadas à nossa imaginação e a ideias errôneas, truncadas, inadequadas — em ações, isto é, em afetos relacionados com ideias autênticas. Formulando de outra maneira, a ética de Espinosa não se dirige contra qualquer mal para erradicá-lo: visa apenas a denunciar os falsos bens que nos iludem e a revelar a autenticidade dos bens desejáveis.

Espinosa destaca assim que a razão, embora indispensável nesse trabalho de discernimento, não é suficiente para nos fazer mudar: "Um afeto não pode ser suprimido ou reprimido, exceto por um afeto oposto e mais forte que o afeto a reprimir". [6] O papel da razão consiste em provocar um novo desejo, melhor e mais forte que o desejo inadequado (que nos aliena e nos entristece). O desejo é a única força que tem poder suficiente para que o ser humano progrida, mas é inútil sem a ajuda da razão, graças à qual vai definir os objetos (ou as pessoas) em cuja direção deve reorientar-se.

As paixões, explica também Espinosa, nascem de causas que estão fora de nós: foi justamente o que dissemos sobre o processo de individuação. Inconscientemente, somos movidos por influências que contradizem a nossa natureza mais profunda e atuam sobre as nossas emoções por meio daquilo que Espinosa chama de imaginação. Devemos nos libertar dessas causas externas. A causa dos nossos afetos deve estar, portanto, com esse trabalho de conscientização, apenas em nós mesmos. É assim que nossos afetos se tornam ativos. Não sofremos mais com nossa afetividade, nós a instauramos e reorientamos, conscientemente, em direção ao que nos faz crescer e nos leva à alegria.

Passamos assim da escravidão à liberdade, da tristeza ou alegria passiva à alegria ativa e à beatitude.

Vou tentar expor de forma ainda mais sucinta o pensamento de Espinosa em relação a esta passagem do homem livre da escravidão à alegria. O ser humano é fundamentalmente um ser de desejo. Todo desejo é busca de alegria, ou seja, um aumento do nosso poder vital. A tristeza — originada numa paixão: um desejo mal orientado, mal esclarecido, influenciado por causas externas — o diminui. Muitas vezes vivemos sob o domínio das nossas paixões, que nos mantêm na passividade e, portanto, na escravidão. A ética consiste em usar a nossa força vital, nossas emoções, nosso desejo, iluminando-os com o discernimento da razão. Assim, podemos substituir nossas ideias imperfeitas, parciais, imaginárias, por um conhecimento verdadeiro que transforma os afetos passivos em ativos, dependendo apenas de nós mesmos. Então poderemos desfrutar a alegria plena e constante do nosso desejo, devidamente regulado.

A tristeza do desejo insatisfeito está na origem dessa busca de sabedoria. A alegria do desejo satisfeito é seu ponto culminante.

Mais uma vez estamos no polo oposto de uma moral do dever, baseada em categorias supostamente objetivas de Bem e Mal, da repressão das emoções e dos instintos, da supressão do desejo. A "gestão do desejo", sua reorientação, se revela assim a chave da felicidade e do crescimento.

JESUS, O MESTRE DO DESEJO

O que Espinosa teorizou em termos éticos e filosóficos, Jesus pôs em prática, séculos antes, em nome da espiritualidade do amor que prega. O que Espinosa chama de "paixão" Jesus chamou de "pecado", palavra que em hebraico significa "errar o alvo". Ao longo dos séculos e do desenvolvimento da tradição cristã, o pecado se tornou um termo que provoca culpa, com o peso de uma moral devastadora, a moral das intermináveis listas de pecados elaboradas pela Igreja, alguns dos quais supostamente são capazes de nos conduzir direto para o inferno. Não há nada disso no Evangelho. Jesus jamais condenou alguém. Quando salvou a adúltera do apedrejamento, disse: "Eu não te condeno. Vai, e não peques mais",[7] que significa "Cresce no teu desejo, redireciona-o, não erres o alvo". É sempre assim a mensagem de Cristo, que não veio para julgar e condenar os homens, mas salvar e perdoar, segundo a sentença de João Evangelista: "Deus não enviou Seu Filho ao mundo para julgar o mundo, mas para que o mundo seja salvo por ele".[8] De fato, Jesus (como

Espinosa) nunca disse o que é bom ou é ruim, mas sim o que é verdadeiro ou é falso, o que é justo ou é injusto, se uma coisa os faz crescer ou diminuir. E, em vez de arrasar seus interlocutores com uma condenação moral, ele os ajuda a se levantar com um gesto ou um olhar amoroso.

Eis a história de Zaqueu,[9] contada pelo evangelista Lucas. Zaqueu é um coletor de impostos desonesto, odiado por todos, um publicano que toma dinheiro do povo para dar aos romanos — e aproveita para roubar a metade do dinheiro e meter no bolso. Em suma, um homem totalmente corrupto. No entanto, quando Jesus chega à sua aldeia, Zaqueu fica muito impressionado. Tendo baixa estatura, sobe num sicômoro para vê-lo. Todos imaginam que Jesus vai fazer sua refeição na casa do habitante mais respeitado religiosamente, o sacerdote ou o fariseu. Nada disso! Jesus olha para cima, vê Zaqueu e o chama: "Desce depressa, porque hoje preciso me alojar na tua casa". Aturdido, Zaqueu cai da árvore, se joga aos pés de Jesus e anuncia: "Vou dar a metade dos meus bens aos pobres e, se lesei alguém em alguma coisa, a restituirei quadruplicada". Zaqueu decidiu mudar sua conduta não porque Jesus lhe houvesse dado alguma lição de moral, mas porque olhou para ele com amor. E, com esse amor, despertou em Zaqueu o desejo de ser melhor, de crescer, de mudar de vida. Jesus, como Espinosa, é "o mestre do desejo", o que Françoise Dolto captou perfeitamente em seu livro O *Evangelho à luz da psicanálise*.[10] E, assim como a filosofia de Espinosa é uma filosofia da alegria, o ensinamento de Jesus leva à alegria: "Dou-vos minha alegria para que vossa alegria seja completa".[11] Esta é a mensagem que o papa Francisco tenta reabilitar agora, lembrando ao clero e aos fiéis católicos que a missão da Igreja é tocar os corações pelo exemplo — pelo amor e a alegria —, e não com um discurso moralista, que exclui todos aqueles que caminham fora das regras. E não é por acaso que seu primeiro texto papal se intitula: "A alegria do Evangelho".

DA LIBERDADE INTERNA À PAZ MUNDIAL

Como assinala Espinosa, nós não nascemos livres, nos tornamos. Enquanto não fazemos esse trabalho interno de autoconhecimento e lucidez, somos movidos por nossos desejos, emoções, paixões, crenças, imaginação, opiniões. Todos os atos que julgamos praticar "livremente" são ditados na verdade por nossa afetividade e crenças.

Muito antes de Freud, Espinosa entendeu que somos movidos por nosso inconsciente, e é por essa razão que não acredita no livre-arbítrio e redefine em profundidade o conceito de liberdade. Segundo ele, ser livre é agir em função da própria natureza, e não por causas externas. Liberdade é autonomia. Cada progresso no caminho da libertação leva à alegria. Todos nós temos essa experiência: quanto mais nos libertamos do que nos aliena, mais felizes ficamos. O pensamento de Espinosa é todo baseado, portanto, nesta ideia fundamental: possuímos uma natureza própria, singular, única, que devemos realizar: "O desejo de cada um difere do desejo do outro, tanto quanto a natureza ou a essência de um difere da essência do outro".[12] Não existem dois indivíduos semelhantes, com gostos e desejos idênticos, porque cada indivíduo tem uma natureza que lhe é própria. Mas o enorme paradoxo desse pensamento que prioriza a noção da singularidade do indivíduo é que, uma vez liberto da escravidão; uma vez que tem pleno conhecimento de si mesmo e a justa orientação do seu próprio desejo; uma vez que se tornou totalmente autônomo, o ser humano é, mais do que nunca, útil aos outros e capaz de amar de forma justa. Na realidade, diz Espinosa, só podemos estar em sintonia com o outro se já estamos com nós mesmos. Todos os conflitos, de qualquer tipo, provêm das paixões. Um ser humano que conseguiu superar suas paixões, transformando-as em alegrias ativas, não pode fazer mal aos outros. Ele já derrotou em si o egoísmo, o ciúme, a inveja, a necessidade de dominar, o medo de perder, a falta ou o excesso de autoestima, em suma, qualquer coisa que crie conflitos entre os indivíduos e guerras entre os povos. A busca ética individual da "utilidade própria" leva então, necessariamente, à realização do bem comum. Ou, em outras palavras, citando a fórmula maravilhosa de Gandhi: é mudando a si mesmo que se muda o mundo. A verdadeira revolução é interna.

5. Estar de acordo com o mundo

Ser capaz de encontrar sua própria alegria na
alegria do outro é o segredo da felicidade.[1]

BERNANOS

O primeiro caminho para uma alegria profunda e duradoura, como acabamos de ver, é um caminho em direção a si mesmo, um caminho de desligamento. O segundo caminho de acesso à nossa fonte de alegria interna é, inversa e concomitantemente, um caminho em direção ao outro, um caminho de amor, de comunhão, um caminho de religamento. Esse termo (*reliaison*) não aparece nos dicionários de língua francesa. Chamo de "religamento" o caminho ao longo do qual tentaremos recriar os vínculos justos, verdadeiros, que nos fazem crescer e nos dão alegria. Relações que podem substituir aquelas que já construímos em nossa jornada de vida e que às vezes nos travaram, limitaram, sufocaram, ou não permitiram nos desenvolver ou crescer de acordo com nossa verdadeira natureza. Evidentemente, alguns vínculos anteriores continuam sendo indispensáveis para o nosso desenvolvimento. São a base sobre a qual vamos tecer essas novas relações, mais justas e adaptadas ao que somos hoje.

O AMOR DA AMIZADE

Nenhum ser humano pode viver e crescer sem amor e laços afetivos com os outros e com o mundo. Nossos primeiros laços remontam à vida intrauterina. São laços exclusivos com a nossa mãe, com seu inconsciente, suas energias, seus afetos. Depois do nascimento esses vínculos se reforçam. O olhar dos pais — felizmente, na maioria das vezes impregnado de amor — e, pouco depois, os olhares das pessoas que nos cercam serão o espelho que nos permitirá nos construir: é através do olhar dos outros que começamos a nos considerar nós mesmos. Quando essa imagem é positiva, a criança se sente amada e amável, adquire um sentimento de segurança e confiança que lhe permitirá crescer e viver suas primeiras alegrias. As alegrias das crianças são extraordinárias. Estão à flor da pele e se manifestam de forma espontânea, entusiasta, por meio de aplausos, gritos, risadas, o corpo que se mobiliza inteiro, os olhos radiantes. Não são pequenos prazeres como os que experimentamos com agrado desde o início da adolescência, e com mais agrado ainda na idade adulta. São alegrias verdadeiras.

As maiores alegrias da criança se relacionam com o vínculo: ela ri e aplaude porque sua mãe ou seu pai a fazem brincar, olhando e incentivando. Ri e aplaude a cada progresso que obtém com o estímulo do outro. Depois a criança cresce, seus relacionamentos evoluem e ultrapassam o círculo familiar. Na creche, e em seguida no jardim de infância, descobre os primeiros sentimentos de amizade, que se intensificarão ao longo dos anos; mais tarde, sentirá suas primeiras emoções amorosas. São anos de aprendizagem, de descoberta do vínculo, nos quais estabelecerá com os outros relações que lhe darão alegria, ajudando-a a ser plenamente ela mesma, ou a mergulharão na tristeza ou, ainda, oferecerão falsas alegrias. É por isso que o discernimento é tão necessário nos relacionamentos afetivos. Mas antes vamos tentar entender melhor a natureza da relação afetiva entre dois indivíduos que se escolhem mutuamente, uma relação chamada amor ou amizade.

Em sua *Ética a Nicômaco*, Aristóteles usa a mesma palavra para designar o amor e a amizade, dois sentimentos fundamentais de comunhão afetiva que a partir de então temos tendência a separar: a palavra *philia*, que ele afirma ser "o que há de mais necessário para viver".[2] *Philia* é o amor profundo que une tanto os amigos como os casais, é o fundamento de todo e qualquer relacionamento humano autêntico: escolhemos uma pessoa com quem partilhamos um projeto, um desejo de "fazer uma obra em comum", como disse Aristóteles, que pode ser fundar uma família ou desenvolver uma amizade baseada num compartilhamento de trocas, lazeres, conhecimentos etc. *Philia* é sempre baseada na reciprocidade: não consiste em amar alguém que não nos ama, mas sim uma pessoa com quem trocamos incentivos, e nos ajudamos mutuamente a nos desenvolver, a nos realizar. De alguma forma, podemos compartilhar a alegria com a pessoa que amamos a ponto de sentir a alegria do outro em nós mesmos. Correndo o risco, é verdade, de também compartilhar suas mágoas. Mas sem essa abertura à vida nós só conheceríamos o mau humor de uma superproteção sufocante. Às vezes ocorre, infelizmente, que as amizades ou amores são assimétricos, porque um dos dois ama incondicionalmente e quer acima de tudo a felicidade do outro, enquanto o outro ama condicionalmente, isto é, com a condição de que aquele atenda às suas expectativas. Esse tipo de relação existe em todos os níveis. Conheço pais que amam seus filhos "com a condição" de que tenham sucesso nos estudos. Cônjuges que amam o parceiro "com a condição" de que este mantenha seu cargo ou sua beleza física. Amigos que se aproximam de você porque se sentem orgulhosos ou porque você os introduz em determinado ambiente. Essas amizades e amores condicionais impedem o nascimento da alegria: não somos amados por sermos nós mesmos; na verdade, nessa relação nunca seremos nós mesmos.

Philia tem uma dimensão sem a qual nenhum amor pode ser verdadeiro ou enriquecedor: a alegria de poder ser plenamente si mesmo e ajudar o outro a ser, também, plenamente ele mesmo. Amar e ser amado significam querer o melhor para o outro e para nós mesmos: receber e dar alegria. O amor da amizade, quando sincero, não é utilitário: fulano não é meu amigo porque eu precise dele — profissionalmente, socialmente, materialmente. Isso não significa que a verdadeira amizade seja, necessariamente, desinteressada: um amigo também pode me ajudar no meu trabalho, mas quando deixa de satisfazer esta expectativa, por exemplo porque se aposentou ou mudou de emprego, não deixa de ser meu amigo por isso.

O exemplo mais famoso de amizade é, sem dúvida, o de Montaigne e La Boétie. Os dois se conheceram em 1558 no Parlamento de Bordeaux, onde ambos tinham assento. Michel de Montaigne estava com 25 anos, Étienne de La Boétie com três a mais, e imediatamente souberam que eram feitos um para o outro. Essa amizade lhes dava alegria. Montaigne a diferencia daquilo "que costumamos chamar de amigos e amizades", que para ele "não passam de contatos e familiaridades amarrados a alguma comodidade ou conveniência". E, paralelamente, fará o elogio da amizade verdadeira, em que as "almas se mesclam e se fundem uma na outra, uma mistura tão universal que elas apagam e não encontram mais a costura que as uniu".[3] Ele tem uma expressão que se popularizou como a própria fórmula, eu quase diria como a equação, que explica o porquê e o como da amizade: "Porque era ele, porque era eu". Em seus *Ensaios*, Montaigne confessa mais de uma vez que os momentos mais belos da sua vida foram aqueles que dividiu com La Boétie. A morte precoce do amigo, apenas cinco anos depois de seu primeiro encontro, foi a dor mais imensa de sua existência, bem mais, admite, que a morte prematura de cinco dos seus filhos.

É menos conhecido o testemunho de Epicuro ao seu amigo Idomeneu, numa carta muito comovente que ditou em seu leito de morte. Dá detalhes de sua saúde, das dores que sente, e depois acrescenta: "Mas a tudo isso [quer dizer, a todas as dores físicas], a alegria resistiu na minha alma, com a lembrança das nossas conversas no passado".[4]

Philia precisa ao mesmo tempo de gratuidade e de reciprocidade, sem os quais oscila entre o sacrifício e a tristeza. Certamente, há uma alegria em ajudar e em dar sem esperar nada em troca, estando completamente indiferente ao que o outro pode me proporcionar, mas isso é outra dimensão do amor; voltarei ao assunto. Os verdadeiros amigos e companheiros se escolhem. Essa relação não é sofrida nem imposta. Implica uma escolha e deve ser cultivada para poder se desenvolver.

DA PAIXÃO AMOROSA AO AMOR QUE LIBERTA

Bem longe da *philia* — o amor da amizade que nos faz crescer ao revelar o melhor de nós mesmos —, há muita gente que rima amor com paixão: a excitação, o prazer, a intensidade das fortes emoções ligadas ao desejo. Mas o amor-paixão traz decepções. A paixão, como o próprio nome sugere, é um amor passivo, no sentido espinosano do termo, um amor que gera alegrias passivas porque muitas vezes é baseado numa ilusão ou em projeções: esperamos que o outro supere as nossas necessidades, nossos medos, nossas deficiências, e por essa razão o idealizamos. Ou o identificamos inconscientemente com um dos nossos pais e reproduzimos, sempre inconscientemente, o tipo de ligação afetiva que tínhamos na infância com esse genitor. Essas ilusões explicam o caráter efêmero da paixão: mais cedo ou mais tarde ela acaba se dissipando. Dizem que o amor dura três anos. O amor verdadeiro, não. A paixão amorosa, sim, e às vezes até seis meses!

Também pode acontecer que o amor-paixão se transforme em ódio. É totalmente lógico, se nos basearmos na análise das paixões segundo Espinosa. Já mencionei que ele definia o amor como "uma alegria que acompanha a ideia de uma causa externa". O que nos dá alegria é o pensamento ou a presença do outro. Por outro lado, define o ódio como "a tristeza que acompanha a ideia de uma causa externa". Se o amor não for baseado em uma alegria ativa, mas numa passiva, portanto ligada à imaginação, mais cedo ou mais tarde se transforma em tristeza, e essa tristeza nada mais é que o oposto da paixão amorosa: o ódio. Na sua forma passiva o amor pode, então, transformar-se rapidamente em ódio, e vice-versa. Vemos casais que passam a vida se adorando e depois se detestando, desejando-se intensamente e depois se dilacerando com a mesma intensidade. Aliás, nada é mais surpreendente que observar a força da relação que muitos casais estabelecem depois do divórcio. Infelizmente, de modo geral é uma relação conflitiva deteriorada pelas dificuldades relacionadas com a educação dos filhos, problemas de pensão e de custódia. Quaisquer que sejam as razões para essa separação impossível, o resultado é um envenenamento recíproco causado por um amor que, se não se transforma em amizade, vira animosidade, ressentimento, até mesmo ódio.

É esse tipo de relacionamento que Espinosa classifica entre as paixões tristes (mesmo que tingidas de falsas alegrias) e alienantes. Já me aconteceu, no passado, vivenciar este tipo de relacionamento passional — sem chegar a odiar! —, e fiquei tão exaurido que tenho de admitir que não quero mais repeti-lo. Embora essas experiências nos proporcionem, no começo, um desejo tão poderoso que estimula a alegria de viver, sua natureza ilusória e as decepções que se seguem acabam gerando mais emoções negativas (tristeza, raiva, ressentimento, medo) que alegrias verdadeiras.

Num relacionamento amoroso, por mais que quase sempre existam paixão e ilusões no início, só subsiste o amor verdadeiro. Então como reconhecê-lo? Pelos mesmos sinais que a *philia*: a alegria que desperta em nós a presença do outro, como ele é, na sua autenticidade, com o prazer que nos dá. Pelo desejo que sentimos de lhe dar alegria, de vê-lo crescer, sendo plenamente ele mesmo. Amar alguém não consiste em possuir essa pessoa, mas, pelo contrário, em deixá-la respirar. Amar não é monopolizar o outro e muito menos torná-lo dependente, pelo contrário, é querer sua autonomia. O ciúme, a possessividade e o medo de perder o outro são paixões que parasitam, e até mesmo destroem, o relacionamento. O verdadeiro amor não retém, liberta. Não sufoca o outro, ensina a respirar melhor. Sabe que o outro não lhe pertence, que se dá livremente. Busca a sua presença, mas também ama a solidão e os tempos de separação, porque sabe que são estes que vão lhe permitir desfrutar melhor a presença do(a) amado(a). Convém evitar o amor fusional porque a fusão, com muita frequência, é o tipo de relacionamento buscado por dois indivíduos que carecem de segurança interna. Na sua forma mais autêntica, o amor conecta dois seres autônomos, independentes, livres de desejos e de compromissos. Deve existir sempre um espaço entre os dois amantes. É o que ilustra tão bem Khalil Gibran pela voz do seu Profeta:

Em seu caminho comum, criem espaços e deixem dançar ali os ventos do firmamento.

Amai-vos um ao outro, mas não façais do amor uma aliança que amarre um ao outro.

Que o amor seja como um mar que se deixa embalar entre as vossas almas, de costa a costa.

Enchei o copo um do outro, mas não bebais num copo único.

Dividi o pão, mas do mesmo pedaço não comais.

Cantai e dançai juntos na alegria, mas que cada um de vós esteja sozinho,

Tal como é sozinha cada uma das cordas do alaúde, embora todas elas vibrem na mesma melodia.

Oferecei vossos corações um ao outro, mas sem tornar-vos seu proprietário.

Porque só a mão da Vida pode conter os vossos corações.

E erguei-vos lado a lado, mas não perto demais, pois os pilares que sustentam o templo estão separados,

E o carvalho não se ergue à sombra do cipreste.[5]

Essa forma de amor é exatamente o inverso da perversão narcísica. O perverso ama no outro o seu próprio reflexo e busca deixá-lo numa dependência absoluta. Começa elogiando, seduzindo, e depois, para mantê-lo sob seu controle, dobrar sua vontade, o afasta de todos os seus relacionamentos, tira toda a sua confiança em si mesmo. E, se o outro quiser escapar, tentará seduzi-lo novamente para melhor dominá-lo. Não ama. Este tipo de relação também pode se dar na vida espiritual. É o que faz toda a diferença entre um mestre espiritual e um guru (no sentido negativo que damos à palavra, não no belo sentido indiano). O mestre tem uma única ambição: que seu discípulo possa aprender, ultrapassá-lo, ter autonomia. O guru tem uma única preocupação: tornar seu discípulo dependente, incapaz de se afastar, viciado nele. Vou usar exatamente as mesmas palavras para distinguir o verdadeiro amor da sua perversão narcísica.

Sem chegar ao extremo da perversão narcísica, muitos relacionamentos amorosos, amistosos ou familiares estão contaminados com a tentação da posse do outro. E com toda a naturalidade, aliás, usamos um pronome possessivo para designar aqueles que amamos: "minha" esposa, "meu" amigo etc. Ora, o amor não consiste em pertencer ao outro nem em possuí-lo. O outro nunca é nossa "propriedade". Esse desejo de possuir polui o amor em vez de alimentá-lo.

Tenho uma visão bem diferente. Para mim o amor é uma relação aberta e saudável na qual ficamos felizes porque o outro tem um jardim secreto onde pode passear à vontade, ter amigos e relacionamentos próprios sem que por isso vivamos em permanente insegurança. Para mim trata-se de um estado de espírito em que me alegro profundamente com o que dá alegria ao outro. Em que gosto de acolhê-lo e depois deixá-lo ir embora. E isso se aplica a todas as relações de amor. "Seus filhos não são seus filhos, são filhos da vida",[6] diz também Gibran.

Essa concepção implica uma prática do desapego: eu amo o outro, mas me recuso a me amarrar a ele ou a amarrá-lo a mim com o laço de um relacionamento forçado. Muitas vezes se confunde indiferença e desprendimento. O filósofo Nicolas Go analisa certeiramente: "Enquanto a indiferença é um desapego por falta de amor, o desprendimento é um desapego pela excelência do amor, um amor sem posse".[7] Do ponto de vista psicológico, essa atitude requer segurança interna. Envolve a convicção de que você é realmente "amável", mas também a aceitação do risco de ver o outro amar outra pessoa, e até nos deixar. Não há nada como a falta de autoconfiança para gerar medo, sentimento de posse e ciúme. Se o outro me deixa, não é porque uma terceira pessoa se apoderou dele; simplesmente pode estar infeliz comigo. Sufocando-o, eu o privei de alegria. Em vez de ajudá-lo a crescer, estabeleci laços neuróticos com ele que travam ou inibem o processo de individuação.

Quando não sentimos, ou já não sentimos mais alegria num relacionamento, devemos perguntar-nos se ele nos faz bem. Se sentimos tristeza com frequência, devemos perguntar-nos o mesmo. Esse sentimento muitas vezes vem do fato de que não somos mais nós mesmos. A avaliação de uma relação exige um trabalho de discernimento. Será que o outro é venenoso para nós? Se for esse o caso, iniciemos um processo de desligamento e religamento com essa pessoa, ou então — se for impossível, se ela não quiser — com outra que nos permita crescer de verdade, segundo a nossa natureza interior. Como acontece com as flores, certos tipos de terra ou certas exposições à luz podem nos fazer murchar. Outros tipos nos ajudarão a crescer: são as relações corretas. Aquelas que mantêm acesa a chama da alegria.

A ALEGRIA DE SE DOAR

Há outro tipo de relação de amor além da paixão amorosa e do amor da amizade, que, como vimos, são baseados na escolha mútua e na reciprocidade. Eu o chamaria de amor-doação. Amamos sem esperar nada em troca. É o amor incondicional que os pais podem sentir por seu filho. É também este amor que nos move quando ajudamos alguém de forma desinteressada, às vezes até mesmo um estranho, permitindo que se reerga, se firme, caminhe, recupere o gosto pela vida. É o amor-compaixão (*karuna*) do budismo do Grande Veículo, que difere da simples bondade (*maitri*) do budismo primitivo. Os autores do Novo Testamento inventaram uma palavra grega para descrevê-lo: *ágape*. Este amor-doação qualifica tanto o amor divino como aquele que nos leva a amar gratuitamente o outro. Produz uma enorme alegria, sem dúvida uma das mais belas e puras que nos é dado conhecer. Uma frase de Jesus me marcou para sempre: "Há mais alegria em dar que em receber".[8] Curiosamente, essa frase não aparece nos quatro Evangelhos, embora eles sejam dedicados inteiramente a narrar a vida de Cristo e sua mensagem. É mencionada por Paulo nos Atos dos Apóstolos. Que eu saiba, é a única palavra de Cristo que ele relata. E, se só citou essa, é porque certamente devia considerá-la como das mais importantes entre todas: "Há mais alegria em dar que em receber". Ainda bem! Sem a alegria da doação, o que seria da ajuda mútua, do compartilhar? Será que as sociedades humanas poderiam sobreviver se só tivéssemos alegria quando pegássemos ou simplesmente ganhássemos alguma coisa? Todos nós já sentimos a extraordinária experiência da alegria da doação. Esses poucos instantes de intercâmbio, quando às vezes se pode ler uma felicidade intensa nos olhos daquele a quem doamos, sem esperar nada em troca, estão entre os momentos mais fortes da nossa vida.

A alegria tem a estranha capacidade de aumentar quando é dada. Médico das almas, Victor Hugo resume essa verdade numa passagem de sua obra-prima *Os miseráveis*. Toda tarde Cosette tem o direito de passar uma hora com o seu salvador. Hugo escreveu:

> Quando ela entrava na cabana a inundava de paraíso. Jean Valjean exultava, e sentia sua felicidade aumentar com a felicidade que dava a Cosette. A alegria que nós inspiramos tem este encanto de, em vez de se enfraquecer como todo reflexo, retornar a nós ainda mais radiante.

AMAR A NATUREZA... E OS ANIMAIS

O amor não se limita à relação com o outro. O vínculo de comunhão não se limita às relações interpessoais. Os gregos sustentavam a ideia de "integrar-se ao mundo" de maneira harmoniosa. Não contrariar o tempo. Inscrever-se na roda da vida. Participar de uma sinfonia sem ser o instrumento dissonante. Integrar-se ao mundo é entrar em consonância com o próximo, com a cidade, a natureza, o cosmos. É recusar-se a destruir e pilhar o planeta, é manter relações respeitosas com todos os seres sensíveis. É, fundamentalmente, levar uma vida eticamente correta e, mais que isso, vibrar com a alegria de estar em harmonia com tudo o que nos rodeia. Qualquer experiência da beleza contém em si essa faculdade. Contemplar uma obra de arte que nos comove ou parar diante da perfeição da natureza nos conecta com alguma coisa além de nós e nos impulsiona a transcender o nosso ego. A contemplação nos faz crescer, traz à tona a parte mais nobre de nós mesmos. Aristóteles a considerava, com o amor da amizade, a realização mais alta da felicidade e da alegria.

Nunca vou poder agradecer o suficiente aos meus pais por terem escolhido deliberadamente morar no campo para que seus filhos crescessem na natureza. Durante anos meu pai viajava de trem duas horas por dia para ir e voltar do seu escritório e assim permitir-nos crescer numa casa rodeada por um grande jardim, cercado por dois braços de um rio. Passei toda a minha vida buscando esse contato, essa comunhão com a natureza que tanto me alimentou nos meus anos de juventude.

Tive minha primeira grande emoção de amor quando era criança, não com uma coleguinha, mas andando na floresta: era uma alegria contemplativa. Eu devia ter oito ou nove anos. Minha tia Antoinette, que era antropóloga em Camarões, tinha me trazido um arco e flecha. Meu pai me propôs caçar faisões na floresta que ficava próximo ao lugar onde morávamos. Era um domingo de manhã, bem cedo. Lembro-me de uma luz muito suave se filtrando através dos galhos das árvores. Eu avançava lentamente com meu arco, enquanto meu pai me seguia, poucos metros atrás. De repente, um faisão enorme, de cores exuberantes, voou na minha frente. Fiquei gelado de espanto. Meu pai gritou: "Atire, atire!". Vi o animal abrir as asas e se elevar rumo ao sol. Depois, um segundo faisão, e logo a seguir um terceiro e um quarto voaram também, diante dos meus olhos. Então deixei

cair no chão meu arco e as flechas, para observar aquele espetáculo, emocionado. Meu coração estava cheio de alegria. Meu
pai entendeu e pôs a mão no meu ombro, também emocionado
com o esplendor da natureza. Eu soube naquele momento que
jamais seria caçador.

Alguns anos mais tarde, a família foi assistir a uma tourada.
Quando vi o picador obrigar seu cavalo apavorado a enfrentar
a investida do touro e depois perfurar os músculos da nuca do
animal perseguido para que não pudesse levantar a cabeça e
lutar, ao ver o sangue jorrar e as pessoas berrarem de alegria,
senti uma náusea violenta e saí da arena. Dizem que é impossível proibir as touradas, alegando que são uma tradição secular.
Com a mesma lógica, os jogos do circo romano em que os seres
humanos se matavam — e que os cristãos proibiram — também
eram tradições seculares! E o mesmo critério se aplica à ablação
de mulheres jovens em muitos países. Estou convencido de que
um verdadeiro senso altruísta, uma sensibilidade profunda em
relação ao sofrimento dos seres vivos, não pode nos permitir
condenar o sofrimento dos homens e ao mesmo tempo admitir,
até mesmo incentivar, o dos animais. Às vezes mato um mosqui-
to que não me deixa dormir, ou pesco peixes para comê-los logo
depois, mas que alegria cruel é tirar a vida de um ser vivo por
diversão, só para provar o próprio poder causando a morte. Que
paixões tristes e regressivas são a tourada e a caça, quando pra-
ticadas como esporte! E nem mencionei aqui a pecuária indus-
trial, que trata os animais como objetos inanimados (aliás, em
francês, se fala de "minério" em criações de suínos), máquinas
para produzir alimentos e não seres sensíveis. Respeitando a natureza e a vida, o ser humano se integra ao mundo e assume uma
atitude ética justa. Fazendo o contrário, entra em conflito com o
ambiente natural, violenta-o e, cedo ou tarde, pagará caro.

Prefiro contemplar a natureza, em vez de dominá-la, e essa contemplação me permite me aproximar do sagrado. O espírito (*noos*, para os gregos) é feito para a contemplação, dizem Platão, Aristóteles e Plotino. É movido por uma coisa que o ultrapassa, que o transcende, que o deslumbra profundamente. Ora, esta é exatamente a definição de emoção mística — palavra que significa literalmente "relativo aos mistérios". É do que vamos tratar agora, falando daquilo que os sábios e místicos do mundo todo chamam de "pura alegria" ou "alegria perfeita".

6. A alegria perfeita

Nós sentimos e experienciamos
que somos eternos.[1]
ESPINOSA

Certa noite de inverno particularmente cruel, no século XIII, São Francisco de Assis foi de Perugia a Santa Maria dos Anjos em companhia de um dos seus irmãos, Leon. Francisco era um grande santo que vivia na pobreza total e com uma intensa alegria. Sua existência estava em harmonia com o mundo: ele conversava com os pássaros, desfrutava da beleza à sua volta, dividia o pouco que possuía — um pedaço de pão ou um fruto colhido de uma árvore.

No caminho, Francisco ia pensando em voz alta, enunciando tudo o que não é a alegria perfeita: não é a santidade, não são os milagres ou o conhecimento total, não é a onisciência, e nem mesmo o domínio da língua dos anjos. Pasmo, o irmão Leon lhe pergunta:
— Então, onde está a alegria perfeita?

Leon espera, sem dúvida, que Francisco lhe fale de oração ou da contemplação de Deus, mas ele continua:

— Quando chegarmos a Santa Maria dos Anjos, encharcados de tanta chuva e quase congelados de frio, cobertos de lama e atormentados pela fome, e batermos na porta do convento, e o porteiro vier irritado e disser: "Quem são vocês?", e nós lhe respondermos: "Somos dois dos seus irmãos", e ele disser: "Vocês não estão falando a verdade, vocês são dois safados que andam por aí enganando todo mundo e roubando as esmolas dos pobres; sumam daqui". E quando ele não abrir e nos deixar no lado de fora, debaixo da neve e da chuva, com frio e com fome, até chegar a noite, então, se suportarmos tanta injúria, tanta crueldade e tanta rejeição com paciência, sem nos alterar, sem murmurar nada contra ele, e se pensarmos com humildade e caridade que esse porteiro nos conhece de fato e que é Deus quem o faz falar contra nós, ah, irmão Leon, pode escrever que aí está a alegria perfeita.[2]

A moral da história é a seguinte: quando o nosso ego é mais maltratado que nunca, quando, sem nenhum motivo, mesmo que injustamente, somos rejeitados, então chegou o momento de abandonar tudo: a raiva, a tristeza e o ressentimento não têm mais importância, porque não me identifico mais com esse indivíduo chamado Francisco que precisa de reconhecimento, conforto, consolo. Se posso deixar tudo isso para trás, é porque atingi a alegria perfeita.

A MENTE E O EGO

Para entender melhor as palavras desse santo cristão, convido-os a fazer um audacioso desvio pela filosofia da Índia. A filosofia e a psicologia indianas — notavelmente sintetizadas no século XX por Swami Prajnanpad, cujo ensino foi divulgado no Ocidente por seu discípulo francês Arnaud Desjardins — jogaram luz sobre um funcionamento da mente humana que é cada vez mais considerado por psicólogos ocidentais nas suas tentativas de compreender a nossa psique. Segundo essa filosofia, nossa personalidade é estruturada em torno de duas instâncias: o ego e a mente. O ego é aquilo que nos faz sentir espontaneamente atração e repulsão: gosto/não gosto. E, espontaneamente, funcionamos de acordo com este critério: uma coisa é agradável para mim, então a levo; outra coisa é desagradável, então a recuso. Trata-se de uma operação de sobrevivência, útil na primeira infância para o nosso desenvolvimento: ninguém gosta de se queimar ou de se machucar, todo mundo aprecia uma atividade interessante e que nos ajuda a crescer. O ego, assim, pode se desenvolver graças a essa proteção indispensável. Entretanto, esse funcionamento tem suas limitações: a vida não é feita somente de coisas agradáveis. Além disso, o que é bom em determinado momento pode se revelar nocivo a longo prazo. A educação de uma criança consiste em disciplinar seu ego. É a educação que lhe ensina que o agradável nem sempre é um indicador do que é certo e que o desagradável pode ser benéfico. Nós tomamos um remédio que cura ou fazemos um tratamento que fortalece (quando eu era criança, tinha que tomar minha dose de óleo de fígado de bacalhau, realmente desagradável de engolir), ou vamos à escola mesmo preferindo ficar de férias ou jogar video game etc. O ego é o software da nossa percepção do agradável e do desagradável, que a educação vem nos ensinar a dominar. Paralelamente, o ego é o suporte das nossas emoções: medo, raiva, tristeza, alegria... que contribuem de forma determinante para a construção da nossa personalidade, mudando nosso comportamento, nossas ideias, nossas crenças, nossos gostos, nossas antipatias. O funcionamento emocional acompanha o desenvolvimento do nosso ego. E este vai construir o que, a partir de Freud, na psicologia ocidental chamamos de eu, ou seja, a instância com a qual nos identificamos no nosso funcionamento consciente. Passamos, então, a nos identificar com o nosso ego.

A segunda grande instância destacada pela psicologia indiana é a mente. Assim como o ego, a mente tem uma função vital: ela nos permite sobreviver. É um software do pensamento que nos ajuda a racionalizar, a dar uma explicação para os acontecimentos, a justificá-los, mesmo inventando mentiras, como frequentemente acontece. A missão da mente é nos fazer aceitar o real mesmo quando este não é aceitável. Justificar o absurdo, o dramático, encontrar suas razões, causas, para nos permitir sobreviver e também crescer. Por exemplo, uma criança acredita naturalmente que seus pais a amam com um amor incondicional; é o que lhe permite crescer. No dia em que, cansados e nervosos, os pais a repreendem injusta ou excessivamente, a criança não pode duvidar de sua crença nesse amor incondicional: seria perigoso demais para ela. Sua mente, então, tentará racionalizar a raiva: "Mamãe me ama, eu é que sou o malvado, não sou digno de amor". Essa explicação elaborada pela mente é mentirosa. Mas, pelo menos, a criança pode se segurar em algo, encontrar uma explicação para sua raiva incompreensível, e essa coerência lhe permite continuar suportando a vida.

Para Freud, isso é apenas um ponto de vista, a maior mentira da mente é a invenção de Deus ou da Providência, no dia em que tomamos conhecimento das ameaças e dos perigos do mundo. Freud chamou esse estado de "desamparo", que é mitigado pela crença num poder superior, uma proteção absoluta que nos tranquiliza. É essa construção, cuja utilidade reconhece, que ele usa como exemplo de mentira — com características psicóticas (negação da realidade) — do eu... da "mente", diriam os pensadores da Índia, que não partilham a concepção de Freud quanto ao divino.

Ego e mente, como acabamos de ver, são as duas instâncias necessárias para ajudar-nos a sobreviver, para poder elevar-nos e superar os obstáculos e perigos inerentes à nossa existência. Quando nossa personalidade é construída, estamos totalmente identificados com nosso ego: eu sou Frédéric, um Frédéric que foi construído graças às imagens de mim mesmo que os outros me devolveram, graças às emoções, crenças e pensamentos que forjaram minha personalidade. Meu ego sou eu: eu sou meu ego. Quanto à minha mente, ela é o software de sobrevivência que guia o meu cérebro, que me inspira em todos os meus pensamentos, decisões etc.

LIBERTAR A MENTE, NÃO SE IDENTIFICAR MAIS COM O EGO

Uma vez encontrados esses métodos paliativos, não podemos deixar que o que é necessário para a sobrevivência se torne um obstáculo para a verdadeira realização do ser. Por uma razão evidente: o ego e a mente estabeleceram um filtro entre a realidade e nós. Como só percebemos a realidade através desse filtro permanente, partes inteiras desta nos escapam. Esses prismas, as mentiras da mente e o egoísmo do ego que garantem a minha sobrevivência também me privam do acesso às grandes alegrias, aquelas que vêm do real, do encontro com o mundo como ele é e com os outros como eles são. Não estou falando aqui das "pequenas" alegrias do ego, mas das alegrias ativas descritas por Espinosa. Encontrar o verdadeiro acesso a estas implica necessariamente abandonar, ultrapassar, transcender o ego e deixar de lado a bússola da mente — dois sistemas que, no entanto, foram essenciais para o nosso crescimento.

Nem por isso o ego e a mente deixam de existir: eles sempre estarão presentes. Mas deixam de estar no comando. Não têm mais o controle da nossa vida. A razão e a intuição substituem a mente e o espírito — o Si indiano — na nossa construção egotista. A prática do desapego, que já comentei extensamente, nos permitirá transcender o ego e a mente que nos fazem querer controlar tudo. E quanto mais avançamos nesse trabalho de lucidez, de individuação, de aceitação da vida, mais descobrimos que não somos apenas esse ego com o qual nos identificamos. Então aceito não me resumir apenas ao personagem de Frédéric construído por suas emoções, crenças, pensamentos, mente. Mas nem por isso deixo de existir, pois subsiste em mim uma coisa muito mais radical que Frédéric: o Si, uma identidade profunda, que vem do meu espírito. Sendo essa identidade parasitada permanentemente pelas minhas crenças, e também pelas sucessivas imagens de mim mesmo forjadas ao longo da vida, para voltar a me ligar a esse Si tenho que realizar um verdadeiro trabalho pelas duas grandes vias: a libertação e o amor, já mencionadas nos capítulos anteriores, e que vamos comentar mais detalhadamente no próximo.

O processo de individuação, o esforço introspectivo lúcido, em suma, o caminho na direção de si mesmo leva, paradoxalmente, à libertação de si ou, mais precisamente, à libertação de um si identificado com o ego. Um trabalho autêntico de realização de si, de fato, leva a uma experiência de despojamento de si. Permite a passagem do eu ao Si. Quanto mais profundo e verdadeiro é meu mergulho em mim mesmo, mais me liberto da falsa identidade do ego, construído pela minha mente e pelas minhas emoções desde a minha mais tenra infância.

É o que Buda evoca quando descreve a experiência da Iluminação, uma experiência esclarecedora que se baseia essencialmente na tomada de consciência da ilusão do ego. Também é exatamente o que Espinosa evoca no final da *Ética*.

No fim desse longo processo de libertação racional das paixões tristes ligadas às nossas ideias inadequadas, temos acesso a um terceiro tipo de conhecimento (além da opinião e da razão): o conhecimento intuitivo. Este nos permite entender a relação entre uma coisa finita e uma infinita; assim, podemos captar a adequação entre o nosso mundo interno governado pela razão e a totalidade do Ser, entre o nosso cosmos interior e o grande cosmos, entre nós e Deus (identificado à Natureza, isto é, à Substância infinita). Essa compreensão intuitiva gera a maior das alegrias: "Nosso bem soberano e nossa Beatitude voltam ao conhecimento e ao amor de Deus",[3] escreve Espinosa.

Ao contrário da mística que se abre no seio dos monoteísmos que defendem um Deus pessoal revelado, a mística espinosana é uma mística da imanência: não provém da fé, mas da razão e da intuição. O sábio não se une a um Deus pessoal, ele percebe que faz parte de Deus, entendido como Substância infinita do mundo: "Tudo o que é, é em Deus, e nada sem Deus pode ser nem ser concebido". Trata-se de uma mística baseada em uma concepção não dualista do mundo; é o que chamo de "monismo". Como observei a esse respeito num livro[4] anterior, há uma semelhança profunda entre a metafísica do Vedanta indiano, originada nos *Upanishad*, e a de Espinosa: Deus não existe fora do mundo; o mundo e Ele participam da mesma substância; tudo está em Deus, como Deus está em tudo. Por estar fora da dualidade, diz a sabedoria da Índia, o sábio torna-se um "ser vivo liberto" (*jîvan mukta*) que vive na "felicidade plena da pura consciência, que é una" (*Saccidânanda*). Da mesma forma, o sábio espinosano está totalmente liberto do cativeiro e atinge a "beatitude eterna": "Nós sentimos e experienciamos que somos eternos".[5]

Tal como o sábio hindu, o sábio espinosano se libertou do ego, sede das paixões e fonte da consciência dual: existem eu e o mundo, eu e os outros, eu e Deus. Espinosa, aliás, não é o primeiro nem o único filósofo ocidental a defender uma mística imanente da não dualidade. Plotino, o filósofo platônico do século III, afirmou ter atingido o êxtase puro (era assim que ele chamava a alegria) através da contemplação do Um, ao qual se tem acesso aprendendo a "viver segundo o espírito", isto é, a parte mais elevada de si mesmo, ou, em outras palavras, distanciando-se de suas paixões e de tudo o que constitui a mente e o ego. "Quando a alma se desvia das coisas presentes, subitamente vê o Bem aparecer nela. Nada entre ele e ela, não são mais dois, agora os dois formam um",[6] escreve.

É exatamente igual quando se segue a segunda via, a do amor, da comunhão com os outros e com o mundo. A alegria do religamento — aos outros e ao mundo —, à qual dediquei as páginas anteriores, a alegria da contemplação e a alegria da doação têm todas um ponto em comum: por um instante, ou mais permanentemente, o indivíduo esquece, para de pensar em si mesmo, nas suas tarefas cotidianas. O verdadeiro amor e a contemplação explodem as fronteiras do seu eu restrito, atrofiado, para abrir uma dimensão universal, divina, seja qual for o nome que dermos a essa experiência de transcendência do ego. Mesmo quando seguem uma via dualista — a da Revelação bíblica —, os místicos judeus, cristãos e muçulmanos vivem intensas experiências de êxtase, que descrevem em termos não dualistas, nas quais o ego está completamente dissolvido: "Não sou mais eu que vivo, é Cristo que vive em mim", exclama São Paulo.[7] Foi por proclamar "Eu sou Deus" que condenaram à morte o santo muçulmano Al Hallaj (século VIII). Também se podem citar autores não religiosos que afirmam ter tido experiências místicas semelhantes. Romain Rolland, um escritor francês da primeira metade do século XX, não era religioso, mas achou a bela expressão "sentimento oceânico" para descrever esse sentimento de unidade com o universo, em suas palavras, "que é maior do que nós". Quando Freud retrucou que essa experiência era de ordem puramente neurótica, Rolland respondeu:

> Eu gostaria de ver o senhor analisar o sentimento religioso espontâneo ou, mais precisamente, a sensação religiosa que é [...] decorrência simples e direta da sensação do "eterno" (que pode muito bem não ser eterno, mas simplesmente sem limites perceptíveis, como que oceânico).[8]

Em *As duas fontes da moral e da religião*, Bergson, mais uma vez ele, oferece uma análise luminosa do fenômeno místico. Afirma que as maiores alegrias são aquelas que os místicos vivenciam quando suas vontades coincidem com as de Deus (ou do divino) e eles superam os estreitos limites do seu eu, para se deixarem levar pelo impulso criativo da vida. Bergson também mostrou o que é próprio dos criadores: eles se conectam ao fluxo da vida, ao impulso vital que percorre todo o movimento da existência. Presos em nosso pequeno ego, limitados às nossas pequenas ambições pessoais, deixamos de lado esse impulso, deixamos de lado o fluxo da vida que é exclusivamente criação e alegria. O filósofo alemão Arthur Schopenhauer, que viveu no século XIX e era conhecido por sua visão pessimista do mundo, também escreveu belas páginas sobre a alegria pura que a arte nos proporciona, especialmente a música:

O que distingue a música das outras artes é que ela não é uma reprodução do fenômeno ou, mais precisamente, da objetividade adequada da vontade; é uma reprodução imediata da própria vontade e expressa o que há de metafísica no mundo físico, a coisa em si de cada fenômeno.[9]

A experiência da música é de tipo cósmico, místico até, tão forte é sua capacidade de nos tirar do nosso ego, do nosso senso de individualidade, e nos expandir até o universal. Conectando-nos com algo que nos supera — a harmonia, a beleza —, a música pode nos introduzir numa das experiências mais belas de alegria. Nietzsche exprime isso vigorosamente quando evoca o êxtase dionisíaco provocado pela música: "Nós saboreamos a alegria de viver, não tanto como indivíduos, mas como substância viva, una, confundidos na sua alegria criativa".[10]

Assim, o trabalho de libertação interior (desligamento) e de justa comunhão com o mundo (religamento) nos permite não ver mais o ego e a mente como únicos pilotos da nossa vida. Deixamos de nos identificar com o nosso ego, e o conhecimento racional e intuitivo de nós mesmos e do mundo substitui as opiniões da mente. Só então nos tornamos plenamente nós mesmos, e essa plenitude, ao contrário de nos isolar, nos conecta com os outros, com o mundo, o universo, o divino. Nada mais pode nos atingir, porque paramos de tirar nossas dores e alegrias do nosso eu. Disso resulta uma alegria infinitamente maior que todas as que pudemos ter conhecido antes.

É a alegria perfeita vivida por Francisco de Assis.

UM CAMINHO GRADUAL RUMO À ALEGRIA PURA

Este caminho para a alegria perfeita pode parecer árduo, difícil, quase inacessível. E provavelmente seria mesmo, se o imaginamos como um movimento instantâneo, uma passagem relâmpago entre um antes e um depois. Na verdade é um caminho progressivo. A alegria perfeita não é uma recompensa que se ganha ao final do percurso: é uma graça que nos acompanha ao longo de um caminho de liberdade e de amor. Certamente o objetivo desse caminho é a Iluminação, a realização de si na qual o ego é definitivamente transcendido, proporcionando uma alegria permanente. Mas já vivemos alegrias puras ao longo do caminho, toda vez que deixamos de lado, ainda que brevemente, a nossa mente e o nosso ego, toda vez que superamos uma etapa importante, que nossa consciência se expande, que estamos mais integrados na melodia do mundo. Para a maior parte de nós, a Iluminação é uma experiência gradual. Não somos iluminados de súbito, ao contrário de Buda: gradualmente, deixamos de nos identificar com o nosso ego, aprendemos a neutralizar a mente e parar de querer controlar tudo, somos cada vez mais nós mesmos e mantemos relações justas com os outros. Cada passo adiante nos liberta um pouco mais, abre mais o nosso coração e aumenta o poder da nossa alegria.

Assim podemos viver experiências de alegrias puras, inebriantes, plenas, que revelam que avançamos no caminho da libertação do ego, mas não chegamos ao fim desse caminho. É importante distinguir essas experiências pontuais do estado de alegria perfeita e permanente que só é atingido pelos sábios e os santos completamente libertos de seus egos. Mas enquanto nosso ego e nossa mente ainda estiverem no comando, mesmo se avançarmos satisfatoriamente na vida interior, esses momentos de pura alegria serão seguidos por obstáculos e sofrimentos internos que vêm dos nossos lados sombrios.

Eu vivi isso de maneira muito intensa entre os vinte e os 23 anos. Nunca vou esquecer esse período tão particular da minha vida, quando senti alegrias absolutas e grandes sofrimentos internos.

Comecei a estudar filosofia na Universidade de Fribourg, na Suíça. No meu segundo ano letivo, tinha planejado me instalar num novo alojamento. Era uma casa extraordinária, banhada pelo sol, construída em plena natureza, às margens de um rio, mas bem perto da universidade. Eu iria ocupar um dos três quartos destinados aos alunos. No final do ano letivo, antes de partir para a Índia por quatro meses, passei por lá para deixar meus objetos pessoais. Fui recebido por uma adorável inglesa, uma estudante de medicina pela qual senti amor à primeira vista. E esse sentimento foi visivelmente compartilhado. Viajei para a Índia a fim de encontrar os mestres espirituais tibetanos e trabalhar numa colônia de leprosos e num hospital dirigido pelas irmãs de madre Teresa, como já mencionei. Lá senti o chamado para adotar uma vida monástica, a fim de me dedicar inteiramente à espiritualidade, enquanto prosseguia meus estudos de filosofia. Quando voltei à Europa, decidido a entrar num mosteiro, fui buscar minhas coisas na casa de Fribourg. A jovem estudante inglesa, que não sabia nada do que havia acontecido comigo naqueles poucos meses que haviam transcorrido, me recebeu com tanta felicidade que fiquei perturbado. Não conseguia lhe revelar minha decisão. Conversamos durante duas horas até eu conseguir lhe contar. Ela explodiu em lágrimas, eu também estava abalado: nosso maravilhoso encontro não poderia se prolongar. Peguei minhas malas, profundamente comovido. Fui para um convento ainda em Fribourg, onde a comunidade a que estava prestes a me juntar me reservara um quarto para a noite. Habitado por umas freiras velhas, o convento era austero e frio; as portas das celas se abriam para um corredor sombrio. Uma freira, um pouco barbuda e não muito simpática, me levou até aquela que me fora destinada: um lugar de seis metros quadrados com cheiro de mofo. E me deu secamente algumas informações antes de sair. Assim que a porta se fechou, pensei na deliciosa casa à beira do rio e na jovem deslumbrante que eu tinha acabado de deixar lá. Por alguns instantes me imaginei vivendo uma linda história de amor com ela naquele lugar luminoso, depois olhei a cela deprimente onde estava agora, imaginando que passaria, talvez, o resto da vida num lugar lúgubre como aquele. De repente meu coração se voltou para Cristo, cujos passos tinha decidido seguir. Uma alegria imensa, totalmente imprevisível, me invadiu. Chorei de alegria durante a metade da noite. Estava imerso na pura alegria de ter dado minha vida, de não me pertencer mais.

Passei pouco mais de três anos e meio no mosteiro. No primeiro ano, apesar das dificuldades de uma vida casta e austera, ainda vivi alegrias extraordinárias. Depois tomei o meu hábito, primeiro passo para o compromisso com a vida monástica. Naquela mesma noite tive um sonho poderoso e angustiante: estava de esquis, usando uma batina, no topo de uma montanha, e decidi bater o recorde mundial de velocidade. Começo a descer a encosta. No declive oposto uma grande multidão assiste ao espetáculo. Bato o recorde, mas não consigo frear e o impulso me leva para o outro lado do declive! Atravesso a multidão assustada e chego ao cume da outra montanha... antes de cair num abismo sem fundo.

Nas semanas seguintes passei por uma crise psicológica profunda: perdi o sono, tive fobias, ataques maciços de ansiedade sem motivo aparente. Compreendi mais tarde o significado desse sonho e dessa crise: meu ego estava mal estruturado. Era frágil e vivia em busca de reconhecimento: ainda do meu pai, cuja aprovação continuava querendo; depois dos outros, da sociedade. Meu desejo de abraçar a vida monástica, mesmo que tenha sido motivado pelo amor genuíno a Cristo e pela vontade de crescimento espiritual, também era uma forma de ser reconhecido, admirado, e de ultrapassar meu pai numa área da vida social diferente daquela em que ele se destacara, pois tinha sido secretário de Estado: tornar-me santo! No fundo eu não era livre. Fobias e angústias eram os sintomas daquela neurose profunda.

Levei mais de dois anos até começar a entender isso, graças a uma conferência de Jean Vanier, o fundador das comunidades da Arca, nas quais pessoas com deficiência mental vivem em casas de acolhida com assistentes. Vanier veio nos falar de uma das maiores armadilhas da vida espiritual e monástica: a ferida narcísica e a necessidade de reconhecimento que ela provoca, que nos fazem querer elevar-nos, virar heróis espirituais, sem reconhecer a profunda fragilidade em que se baseia essa aspiração. Para mim foi uma verdadeira iluminação, fonte de grande alegria, que me permitiu prosseguir meu caminho interior com mais lucidez e verdade. Alguns meses mais tarde decidi por não fazer os votos definitivos e sair do mosteiro. Essa decisão também foi ditada por outras razões, entre elas um mal-estar intelectual crescente. Eu não podia suportar um discurso que é um perfeito resumo do velho adágio: "Fora da Igreja não há salvação". Para dar um único exemplo: eu havia conhecido na Índia monges budistas e sábios indianos que irradiavam compaixão, mas sempre ouvia teólogos e padres ocidentais, às vezes de um jeito tão sem graça quanto suas batinas, falarem com desprezo — e total ignorância — dessas espiritualidades orientais "tão imperfeitas em comparação com a religião cristã". Mas a razão mais profunda de minha saída foi sem dúvida a consciência daquela ferida narcísica que me levou a buscar reconhecimento adotando uma vida espiritual heroica.

NÃO QUERER "MATAR" O EGO

Assim, pode-se querer largar o ego e ser constantemente recapturado por ele! De fato, só se pode largá-lo, superá-lo, se ele estiver bem estruturado. Caso contrário, corremos o risco de ir atrás de uma ilusão espiritual que pode levar à loucura. Vi outras pessoas em grupos espirituais, particularmente em mosteiros cristãos e budistas, que "queimaram os fusíveis" de forma muito mais grave. Seu ego estava desestruturado e, ao querer abandoná-lo na busca de santidade ou de libertação, às vezes desembocavam numa dissolução da personalidade de ordem psicótica. A vida espiritual, especialmente hoje em dia, não pode prescindir de um trabalho psicológico, um esforço genuíno de conhecimento de nós mesmos e das nossas motivações. Especialmente porque muitas vezes há uma terrível confusão entre "largar o ego", isto é, parar de identificar-se com ele, e "matar o ego". Porque largar o ego não significa matá-lo nem suprimir a personalidade e o sentimento de individualidade em que se baseia. Essa confusão existe entre alguns neobudistas ocidentais, mas também a encontramos em toda uma corrente ascética cristã baseada no "desprezo do eu", que estimula o ódio a si mesmo em nome do amor a Deus e a práticas de mortificação ou humilhações destinadas a quebrar o ego e erradicá-lo. Tais práticas provocam sempre efeito contrário ao pretendido. Não se dizia sobre os religiosos jansenistas da abadia de Port-Royal, seguidores desses tipos de mortificação, que eram "puros como anjos, mas orgulhosos como demônios"?

Ao sair do mosteiro, decidi fazer um trabalho sobre mim, minhas emoções e minhas crenças. Em suma, um trabalho de individuação: precisava me conhecer e me compreender. Depois de uma psicanálise e muitas outras terapias que ajudaram a me reestruturar, afinal pude seguir um caminho espiritual em bases mais sólidas, mais maduras. Paralelamente ao trabalho terapêutico, tive a sorte de ter uma vida afetiva que me nutriu e, pouco depois, um reconhecimento social na minha profissão que me confortou, me pacificou. Hoje, a combinação desses esforços me permite melhor largar o ego, não viver em busca de reconhecimento e, para dizer cruamente, não ter "nariz empinado", permanecer lúcido. Mas, insisto, isso só é possível porque o meu ego foi bem reestruturado, bem alimentado, e reconheci minhas regiões sombrias. Sem amor, sem reconhecimento, sem esforço de lucidez, eu poderia estar vivendo ainda sob o controle do olhar aprovador ou desaprovador de alguém. A alegria profunda que me habita agora vem desse longo trabalho de libertação e de comunhão, de desligamento e religamento, de desapego e de consentimento à vida que desenvolvo há quase trinta anos... e o caminho está longe de terminar!

Podemos desanimar e pensar que é bastante trabalhoso fazer tais esforços para atingir uma fonte de alegria permanente. Que a vida está errada, que ela é difícil e dura demais. Seria muito mais simples se a alegria nos fosse dada logo de entrada, sem ter que realizar esse tipo de trabalho em nós mesmos para fazê-la crescer e chegar à alegria perfeita. Veremos, no último capítulo deste livro, que na verdade a alegria perfeita nos é oferecida desde a nossa chegada ao mundo. É a chamada alegria de viver. Como destaca com razão o filósofo Clément Rosset, "toda alegria perfeita consiste na alegria de viver, e só nela".[11] E é simplesmente porque perdemos essa alegria original que precisamos realizar o esforço de desligamento, de religamento e de consentimento. A alegria de viver da criança é a alegria perfeita. O que empolga o santo ou o sábio é a alegria da infância redescoberta. Mas agora nada poderá fazê-la desaparecer, porque ela se tornou ativa e consciente.

7. A alegria de viver

Se nossa alma, por um momento, como uma corda, vibrou e ressoou a alegria de viver, então todas as eternidades eram necessárias para que esse único evento acontecesse.[1]

NIETZSCHE

A alegria de viver é o título do 12º volume da saga dos Rougon-Macquart, de Émile Zola. A heroína, Pauline, órfã aos dez anos de idade, vai de Paris para a aldeia de Bonneville, onde moram os Chanteau, que aceitaram sua tutela. "Desde a primeira semana, a presença de Pauline trouxe alegria para a casa. Sua boa saúde, seu sorriso tranquilo amainaram a amargura surda em que os Chanteau viviam", conta Zola. Sua alegria de viver é comunicativa. Há nela "um amor à vida cada dia mais transbordante". É "a vida bem aceita, a vida amada em suas funções, sem medo ou nojo, e celebrada com a canção triunfante da saúde", continua Zola. Sua existência, contudo, está longe de ser fácil: ela é abandonada por seu amado, depois forçada a servir à esposa deste, herdando as tarefas mais ingratas, mas não abre mão da sua felicidade. Para um velho que lhe pergunta o motivo de sua alegria, ela responde: "Eu tento esquecer, por medo de ficar triste, e penso nos outros, o que me ocupa e me faz ter paciência".

A ALEGRIA ESPONTÂNEA DAS CRIANÇAS

Essa alegria imediata, natural, espontânea, é a alegria das crianças antes de começarem a racionalizar, a se preocupar. Há uma fase na primeira infância em que o ego ainda não está firmemente constituído nem a mente totalmente construída; a criança ainda tem acesso à sua intuição, ao seu Si, não é uma prisioneira da própria imagem e ainda conhece as alegrias puras, cheias de comunhão com os outros, com o mundo. Com a idade, a formação, o desenvolvimento dos medos e das tristezas, este estado vai perdendo a força e depois desaparece. Com muita rapidez, e cada vez mais rápido nos dias de hoje, o ego cresce e a criança passa a ter medo de perder e entra no confronto, na rivalidade, no conflito, no controle. Vê desaparecerem ao mesmo tempo a capacidade de se maravilhar e a alegria perfeita.

Os mestres taoistas não estavam errados quando disseram que o modelo do sábio não é só um velho, mas talvez mais ainda a criança, que vive na inocência, na espontaneidade da vida, na liberdade em relação ao ego e à mente; portanto, na alegria pura. Para a criança tudo é simples, tudo é evidente. Jesus, como os mestres taoistas, reconhece toda a sabedoria da infância quando diz àqueles que querem afastar as crianças para não perturbarem sua pregação: "Se vocês não mudarem e ficarem como estas criancinhas, não, nunca entrarão no reino dos céus".[2]

Os sábios ou os santos que pude conhecer, e que me impressionaram intensamente, sempre pareciam crianças. Respiravam a alegria de viver, riam por quase nada, tinham um lado brincalhão. Encontrei doze vezes o dalai-lama, e em cada uma delas pensei o seguinte: este homem, que carrega nas costas toda a infelicidade do povo tibetano, está sempre alegre e dá risada a cada dois minutos... O que tem o dom de exasperar muitos intelectuais parisienses, que veem nisso uma forma de ingenuidade! Conheci velhos monges beneditinos e eremitas cristãos que também viviam rindo, numa alegria com um toque infantil que contrastava com sua idade avançada. Este é certamente um dos benefícios da velhice, para aqueles dispostos a largar o controle da existência, ser frágeis e aceitar ajuda em sua vida cotidiana. Muitas vezes eles se tornam crianças e desfrutam a alegria de viver.

Já mencionei várias vezes neste livro a figura do meu pai. Hoje ele tem quase noventa anos. É um homem que assumiu grandes responsabilidades profissionais e, por muito tempo, quis controlar tudo na sua vida. Agora ele aceita ser cuidado, ajudado. Não me lembro dele tão sereno, tão feliz, mantendo relacionamentos de muita qualidade com seus próximos. Não é mais aquele que domina, que ensina e dirige, é agora aquele que também precisa dos outros, que está em comunhão com os outros. A vulnerabilidade que aceitou o deixou mais calmo e feliz. Ele passou grande parte da vida querendo provar o seu valor. Agora só quer o vínculo, o calor simples do coração.

A ALEGRIA DE UMA VIDA SIMPLES

Mas a alegria de viver não é prerrogativa das crianças ou dos sábios que regressam ao espírito da infância. Na aldeia dos Hautes-Alpes onde eu passava todas as minhas férias quando era pequeno, vi camponeses trabalhando duro no campo com a alegria estampada nos lábios, nos olhos. Observei essa alegria, sobretudo, viajando para fora das nossas fronteiras europeias. Na primeira vez em que as atravessei, aos vinte anos, foi para ir à Índia. Durante vários meses, de mochila nas costas, viajei pelo país de ônibus ou de trem, longe das rotas turísticas. Parei em muitas aldeias pequenas, extremamente pobres, cujos habitantes mal tinham o que comer e dormiam, os mais afortunados, cinco ou seis amontoados num único aposento, sem qualquer conforto. Eu os imaginava atormentados pelas privações, mas eles, pelo contrário, estavam alegres o tempo todo. Nos campos, as mulheres trabalhavam durante horas e suas conversas eram pontuadas por grandes gargalhadas. À noite, as famílias me recebiam, radiantes. Fiquei espantado: dia e noite e noite e dia, estavam sempre alegres. Não tinham perspectiva de futuro, não tinham um amanhã radioso que pudessem prever, não havia qualquer mudança possível ou concebível em suas vidas; no entanto, não eram movidas pelo prazer, e sim por uma alegria autêntica.

Eu as comparava com muita gente que conheço na França, que não pode reclamar do bem-estar ou da saúde, mas tem dificuldade para dar o mínimo sorriso. Então entendi o que é a alegria de viver: receber a vida como um presente e se alegrar com isso. Ora, hoje em dia quase sempre encaramos a vida no Ocidente como um fardo a assumir. Consideramos que não escolhemos nascer e tentamos fazer com que não sejamos muito infelizes. Mas a alegria de viver tem como causa o simples fato de existir. Não é necessário mais nada: nem conforto, nem sucesso, nem mesmo saúde.

Tive uma experiência marcante numa colônia de leprosos no coração da floresta de Bengala, ao norte de Calcutá, onde passei três semanas. Essa colônia era organizada como uma aldeia, habitada por quase quatrocentos leprosos, bebês, crianças e adultos. Uma equipe cirúrgica os visitava uma vez por semana para amputar mãos ou pés necrosados que não podiam ser salvos. O que mais me impressionou nessa aldeia foi a alegria que emanava de todos os lados. Era incrível! Lembro-me de um médico alemão que estava muito pouco à vontade naquele ambiente: "Por que estão felizes", me perguntava com angústia, "se o que está acontecendo com eles é terrível, não têm mais braços, pernas e nem mesmo rostos?". Sentia raiva por não conseguir entender. Ora, aquela gente, os mais pobres entre os pobres, os mais doentes entre os doentes, sentiam alegria de viver, apesar de tudo, porque ainda podiam fazer amor, comer, falar, existir. Estavam alegres porque amavam a vida! Dominique Lapierre teve a mesma experiência e a relata em seu romance *A cidade da alegria*. Nela, os dois religiosos que trabalham em Calcutá notam que: "Apesar da maldição que parecia oprimi-los, aquela favela era uma catedral de alegria, vitalidade e esperança". Depois reconheci essa alegria na África, em condições similares de pobreza e simplicidade. Também a vi no Marrocos quando atravessei o Alto e o Médio Atlas em lombo de burro. Foi há vinte anos, e essas regiões ainda não tinham sido atingidas pelo turismo. Ainda não fui conhecer os povos primitivos da Amazônia ou de Papua. Mas nunca perco, no canal France 2, o belo programa de Frédéric Lopez, "Encontro numa terra desconhecida", que me faz descobri-los. Esse programa faz um sucesso enorme porque nos reconecta com a alegria de viver, através do testemunho desses povos que vivem na mais extrema simplicidade, mas são radiantes de alegria.

LIBERANDO A FONTE DE ALEGRIA QUE EXISTE EM NÓS

"O homem é infeliz porque não sabe que é feliz. Só isso. E é tudo, isso é tudo! Quem sabe que é feliz fica feliz na hora, no mesmo instante", exclamou Kiríllov, o suicida de *Os demônios*, de Dostoiévski, cuja obra literária é atravessada pela busca da fonte que faz nascer a alegria.[3] É típico das sociedades modernas: nós pensamos o tempo todo no que nos fará felizes e perdemos o gosto de simplesmente ser felizes na nossa vida cotidiana. Nossas sociedades ocidentais oferecem grandes benefícios: conforto material, melhoria das condições de vida, acesso a uma assistência médica eficaz, liberdade de decidir sobre a própria vida e de construí-la segundo nossos próprios valores. Todas essas coisas representam um progresso considerável. Mas é preciso constatar que muitas vezes perdemos a alegria de viver, que é a alegria da aceitação espontânea da vida como ela é, e não como gostaríamos que fosse. Vivemos permanentemente pressionados por um ego insatisfeito e parasitados por uma mente que pretende controlar tudo. Essa insatisfação está no próprio fundamento das nossas sociedades pós-industriais. Nossos técnicos estão de olhos grudados nos índices de consumo: ficam desesperados se preferirmos poupar em vez de gastar. Essa permanente frustração em relação ao consumo faz a economia girar, mantém o crescimento. É ela que a pressão publicitária alimenta sem parar. O sistema se travaria se buscássemos nossa alegria em outros lugares, não nas prateleiras das lojas. Alguém já viu uma campanha publicitária exaltando as alegrias do amor, da contemplação da natureza, da abertura do coração e do espírito, em suma, de tudo o que nos daria alegria fora do sistema de mercado?

Assim, a reconquista da alegria de viver, como já vimos, passa por um esforço consciente para ganhar liberdade interna e recriar nossos vínculos. Queremos viver mais tempo e gostaríamos de ser imortais, quando deveríamos aprender a viver melhor e a chegar perto da eternidade em cada momento plenamente vivido. Ora, preferimos a segurança à verdadeira liberdade, o bem-estar à alegria. Montaigne, no século XVI, ficou surpreso ao observar a alegria espontânea dos "selvagens" brasileiros trazidos do Novo Mundo e que exibiam na corte: "Eles passam o dia todo dançando [...] e ainda estão naquele feliz estado de só desejar o que suas necessidades naturais lhes ordenam".[4] Comparando-nos com eles, Montaigne observou a que ponto, apesar da nossa religião supostamente superior, dos nossos conhecimentos e do nosso conforto material, éramos "desequilibrados", incapazes de encontrar a felicidade na ordem natural. Estamos sempre buscando a felicidade projetada no mundo externo, enquanto ela está em nós mesmos, na satisfação profunda que podemos ter com os prazeres e alegrias comuns da vida que, em sua maioria, não custam nada. Quatro séculos depois as coisas só pioraram, e Henri Bergson nos adverte: quanto mais vivemos num ambiente marcado pelo peso da matéria, e, quanto mais complexa fica essa matéria com a introdução das máquinas produzidas pela inteligência humana, mais precisamos de "um suplemento de alma": "A mecânica exigiria uma mística",[5] diz ele.

A alegria de viver que perdemos, aquela da nossa infância, ainda vive dentro de nós, como uma fonte enterrada sob uma pilha de pedras. Essa fonte de alegria é permanente, embora só a notemos em episódios ocasionais. Quando nos colocamos em certa disposição de espírito ou quando avançamos um pouco, uma pedra se move e brota um jato de alegria. A alegria está em nós, ela nos é dada, mas a sufocamos, tapamos a fonte acumulando sobre ela as pedras que provêm do ego e da mente. Todo o caminho em relação a si mesmo e em direção aos outros consiste em remover esses obstáculos que nós construímos para encontrar uma alegria simples, essa alegria pura que nos é naturalmente dada. Nossas vidas complexas, feitas de oportunidades e escolhas sem fim, nos fazem perder a simplicidade da relação com a existência.

A FORÇA DO CONSENTIMENTO

Clément Rosset chama a atenção para o que ele denomina "paradoxo da alegria". Por um lado, constatamos que a vida é difícil, que o sofrimento está sempre presente, que a dor pela perda dos nossos entes queridos é inevitável, mas, por outro, o simples fato de viver nos provoca alegria. Quer dizer, não há nada que justifique a alegria de viver. Woody Allen formulou este paradoxo à sua maneira: "A vida é uma sucessão de problemas, mas o pior de tudo é que ela para!". O pensamento, assim, pode apenas constatar o caráter enigmático dessa alegria incondicional, que não tem explicação lógica. A única coisa que podemos fazer é levar em consideração esse paradoxo, para vivê-lo ou recusá-lo. Frente ao mal, à dor, a todos os sofrimentos da existência, podemos aceitar a alegria ou negá-la, escolher ser felizes ou infelizes. Já observei, em relação a Nietzsche e à prática do desapego, que a alegria acompanha o amor à vida, a aceitação profunda do destino, daquilo que não podemos mudar. A alegria perfeita reside nesse grande "sim sagrado" à vida, na força do consentimento. Não é negando os sofrimentos da vida que vamos encontrar a felicidade, mas aceitando-os, porque são inevitáveis, e entendendo que podemos crescer através deles.

A nossa consciência da felicidade vem do nosso conhecimento da infelicidade, e a maioria das nossas alegrias vem de tristezas passadas.

Gibran explica muito bem em seu *Profeta*:

Uma mulher disse então: "Fale-nos da Alegria e da Tristeza". Ele respondeu: "Tua alegria é a tua tristeza sem máscara. E o mesmo poço de onde brota o teu riso foi preenchido muitas vezes com tuas lágrimas. Como podia ser diferente? Quanto mais profunda for a ferida deixada em ti pelo sofrimento, maior a alegria que poderás abrigar".

O que Nietzsche, de novo, também menciona:

Se vocês sentem o sofrimento e o desgosto como absolutamente maus, detestáveis, dignos de serem suprimidos, como defeitos da existência [...] ah, como sabem pouco sobre a felicidade do homem, vocês, almas confortáveis e benevolentes! Porque felicidade e infelicidade são irmãs gêmeas que crescem juntas, ou então, como no caso de vocês, permanecem pequenas juntas.[6]

Ainda que Nietzsche não a aceite por outras razões, essa ideia se encontra no cerne da sabedoria bíblica e evangélica, como lembra a teóloga protestante Lytta Basset em seu belo livro *La Joie imprenable* [A alegria inatingível]. "Os que semeiam nas lágrimas colherão na alegria", afirma o Salmo 126, frase que Jesus repete quase literalmente nesta famosa bem-aventurança: "Bem-aventurados vós, que agora chorais, porque estareis na alegria!".[7] Os que aceitaram persistir na dor, na dúvida, na noite, que superaram os obstáculos e continuaram avançando apesar das dificuldades em vez de tentar evitá-las, estes conhecerão as maiores alegrias. Não devido a alguma retribuição divina, mas à misteriosa lei de vida que faz o consentimento, a aceitação do que é abrir a porta para a alegria de viver. As crianças e as pessoas simples vivem com alegria ao aceitarem a vida como é. Levam a vida como ela se apresenta, sabem receber o que lhes é dado, não exigem que a vida seja diferente. O consentimento abre a porta da alegria de viver que estava fechada para nós. Para que a vida seja bela, precisamos dar nosso consentimento.

Sempre me perguntei por que às vezes choramos quando estamos alegres. Creio que é porque a alegria nasce de um problema que superamos: a cura definitiva de uma longa doença; a vitória depois de um esforço intenso que nos causou muito sofrimento; o reencontro com uma pessoa próxima de quem estávamos afastados havia muito tempo. Assim, no meio da alegria, nossas lágrimas expressam a dor que tivemos que enfrentar para conquistar essa vitória, para reatar essa amizade indestrutível, para sair de uma situação perigosa. Elas são o último vestígio de uma tristeza superada.

A ALEGRIA DÁ SENTIDO À VIDA E AO MUNDO

Em seus fragmentos póstumos, Nietzsche escreveu este texto poderoso sobre o consentimento:

A questão fundamental não é em absoluto saber se estamos contentes com nós mesmos, mas se, a princípio, estamos contentes com qualquer coisa. Se disséssemos *sim* por um único momento, estaríamos dizendo *sim* ao mesmo tempo não só a nós mesmos, mas a toda a existência. Porque nada está separado de nada, nem em nós mesmos, nem nas coisas. Assim, se a nossa alma, por um instante, como uma corda, vibrou e ecoou a alegria de viver, então todas as eternidades eram necessárias para que esse fato único ocorresse. E toda a eternidade, neste momento do nosso *sim*, era concedida, salva, justificada, afirmada.

Uso a tradução deste belo texto feita pelo filósofo Martin Steffens, que o ilumina e aprofunda lindamente:

Tal é o estranho poder do consentimento: criar ou revelar uma ordem na aparente desordem das coisas. Fazer com que a sina de uma vida recebida passivamente tenha a doce face de um destino [...] E não é falso dizer que o consentimento fabrica liberdade a partir do que se experimenta. Faz a vontade humana se inflar às dimensões do real, um real sempre caótico, em vez de reduzi-lo, com sua parte de caos, às pequenas dimensões da vontade humana [...] Nesse sentido, qualquer alegria de viver, qualquer adesão à existência, mesmo temporária, tem um toque cósmico.[8]

Epílogo: A sabedoria da alegria

A tempestade abençoou meus despertares marítimos
Mais leve que uma rolha, dancei sobre as ondas.[1]

RIMBAUD

Devemos renunciar à sabedoria?

A felicidade está na moda para o grande público, sem dúvida, mas não é popular entre a maioria dos filósofos modernos. Isto já é uma velha história, que remonta a Kant, para quem a felicidade não é um ideal da razão, mas da imaginação. Essa afirmação é muito discutível, mas se tornou um dogma da filosofia contemporânea. *Fim*, portanto, da busca da felicidade numa vida filosófica digna desse nome. Só o trágico tem direito à cidadania. Hoje em dia o pensamento antifelicidade abriu novas frentes: em nome de uma crítica perfeitamente fundamentada, com a qual sempre concordei, a uma falsa felicidade que oscila entre slogans publicitários de conforto material e de êxito social e receitas marteladas de desenvolvimento pessoal, é fácil demolir a busca da felicidade. Mas esse conceito, embora de-

123

formado em nosso tempo, nem por isso foi desconstruído. Será que a crítica à ideologia moderna da felicidade baseada no consumismo e no narcisismo — e promovida por uma exigência tão estúpida quanto opressiva de ser feliz — não invalida a pergunta fundamental da sabedoria humana, que já tem 25 séculos: pode-se atingir aqui embaixo uma alegria ou uma felicidade profunda e duradoura?

A maior parte dos filósofos contemporâneos acha que esta busca é impossível, porque não é razoável. Outros a consideram possível, mas inatingível para o homem ocidental moderno. De fato, por não estar mais inserido num cosmos sagrado, por ter se tornado excessivamente individualista, por ser sensível demais ao próprio conforto material, o homem tem a porta da felicidade, como concebida pelos antigos, fechada para sempre, repetem à exaustão. Outros ainda negam até mesmo que a filosofia possa ter ajudado alguém a ser feliz. Os epicuristas e os estoicos nunca atingiram o ideal de sabedoria que apregoavam, afirmam. Espinosa, então, não passava de um sonhador? Quanto aos budistas e taoistas, eles praticam uma busca da serenidade totalmente inacessível aos mortais comuns.

Vêm nos lembrar, com toda a razão, que a filosofia é uma busca da verdade e da lucidez. Certo, mas como isso se contrapõe à busca da sabedoria, que nada mais é que a verdade e a lucidez aplicadas à observação de si mesmo e à prática de uma ética pessoal de vida? Ao contrário desses céticos, estou convencido de que a sabedoria ainda é um objetivo fundamental da filosofia. Ela também pode utilizar em sua prática ferramentas modernas — como a psicoterapia — ou vindas de longe — como as técnicas das sabedorias orientais. Ficará ainda mais rica e mais vibrante.

Espinosa continua sendo para mim o modelo de filósofo que soube usar o esforço racional para pensar e viver uma existência voltada para uma felicidade global e duradoura, que ele chamou de beatitude. A vida e o pensamento de Espinosa, em si mesmos, são a melhor resposta àqueles que afirmam que a filosofia não contribui em absoluto para a felicidade, que a sabedoria nunca existiu em ato ou que é inacessível ao homem moderno.

Espinosa é moderno, mais até que muitos contemporâneos! Moderno porque é audacioso, inovador, e não poderia ser mais lúcido e crítico — como vimos — quanto às falsas alegrias e às falsas felicidades que a maior parte dos seres humanos persegue. Moderno porque entendeu, bem antes de Freud, que somos movidos por nossas paixões e que, sem uma lúcida revisão dos afetos inconscientes, a liberdade é apenas uma palavra oca.

Moderno porque afirma a radical singularidade de cada indivíduo e enceta uma busca autêntica de autonomia: o sujeito autônomo, para ele, não é só aquele que pensa e age por si mesmo, mas aquele que pensa bem e age de forma justa. É, então, pensador de uma liberdade completa, política e interna.

Pós-moderno até, pois perfeitamente racional e ao mesmo tempo convencido de que a razão por si só não pode ser suficiente para nos tornar felizes: ela precisa de ajuda da intuição e tem que se apoiar na força do desejo.

A sabedoria, baseada na razão e validada pela experiência, mesmo sendo exigente, e de certo também por ser exigente, sobreviverá às modas universitárias e aos sarcasmos de quem nunca tentou se aproximar dela.

Como se viu na leitura destas páginas, meu pensamento sobre a alegria é fruto de uma longa viagem, cheia de obstáculos, que me permitiu redescobrir a alegria de viver. Será que a maioria dos que recusam a ideia de felicidade ou de alegria permanente não o faz apenas por não ter nenhuma? Montaigne também observou que os mais difíceis de se satisfazer com as alegrias simples da vida são os pensadores, acadêmicos, professores, aqueles que vivem mais no mundo das ideias que em seus corpos e na vida concreta: "Vi no meu tempo cem artesãos, cem trabalhadores, mais sábios e mais felizes que reitores da universidade, e com eles gostaria de me parecer".[2]

A questão que me interessa não é se a sabedoria existe ou não, se é possível ou não, e sim qual caminho de sabedoria adotar. Há dois grandes tipos de sabedoria, duas grandes buscas que pretendem nos levar a uma felicidade profunda e duradoura. A primeira visa à ataraxia, à ausência de perturbação, à serenidade. É aquela a que aspiram os epicuristas, os estoicos ou o budismo. Mesmo sem suprimir os prazeres, este caminho exige uma vida bastante ascética. Não é à toa que a via real do budismo é a monástica, e que os estoicos e epicuristas defendiam uma vida particularmente sóbria e moderada. Todos eles também põem em destaque a força da vontade para chegar a uma vida feliz.

A segunda busca de sabedoria aspira mais à alegria perfeita que à ausência de perturbação ou à serenidade. É menos centrada na repressão de paixões e instintos, e mais em sua conversão para aumentar a alegria. Não defende um ideal de renúncia, mas de desapego, isto é, de uma vida alegre no mundo, sem submeter-se aos prazeres mundanos e aos bens materiais. Acredita no poder do desejo e da alegria mais que na força de vontade para atingir a sabedoria, ou seja, uma alegria permanente que nada pode destruir, o que é outra forma de falar da felicidade. É a via defendida, de maneiras muito diferentes, pelos taoistas, e também por Jesus, Montaigne e Espinosa.

Aspiro à sabedoria desde adolescente. Quando, aos vinte anos, optei pela vida monástica, me engajei na primeira via, a do ascetismo. Tomei consciência de que não seria capaz de progresso duradouro nessa via, difícil e árida demais para mim, e que minha grande motivação era a necessidade neurótica de empreender uma busca heroica. E então optei pela segunda via: o saber da alegria. Uma via em escala humana, mais adaptada aos meus pontos fortes que às minhas fraquezas. E por certo também mais próxima das nossas vidas modernas. Uma via baseada na lucidez e no autoconhecimento, na conversão do desejo e no desprendimento, na leveza e na flexibilidade, no desapego e no compromisso com a sociedade.

Quanto à questão do mal, da fragilidade e do sofrimento, esta via também difere da sabedoria ligada à ausência de perturbação. As sabedorias da ataraxia, de fato, tendem a eliminar ou diminuir o desejo para assim evitar o sofrimento. Conduzem, portanto, à renúncia, a uma diminuição do prazer e da afetividade. A sabedoria da alegria, pelo contrário, assume plenamente a riqueza e a intensidade da vida afetiva e desejosa, aceitando o sofrimento como uma consequência. Mesmo que meus desejos estejam ligados a ideias verdadeiras, mesmo que eu ame uma pessoa que é boa para mim, essa pessoa sempre pode me abandonar ou morrer. Para me proteger dessa eventual separação, não vou tentar amar menos essa pessoa. Muito pelo contrário, vou amá-la plenamente, de preferência sem espírito possessivo nem relação passional, mas assumindo o risco de uma separação. E, se um dia ela vier a acontecer, vou sofrer, vou chorar, ficar de coração partido, mas nem por isso meu amor por essa pessoa e pela vida irá se enfraquecer. Minha alegria de viver sempre estará presente e poderei me apoiar nela para superar a situação. E mais, esse amor, na medida em que foi verdadeiro, atingiu uma espécie de plenitude que lhe confere um caráter eterno: nada, nem ninguém, pode fazer desaparecer esse amor ou a alegria que vivemos por ele. Todos os seres que amamos, mesmo aqueles cuja ausência é dolorosa, continuam a viver em nós. Não de forma imaginária, tentando desesperadamente fazer sua presença física sobreviver, mas de forma real, através do afeto de alegria ativa que nasceu do amor.

No seu belo livro *L'Art de la joie* [A arte da alegria], infelizmente pouco conhecido, o filósofo Nicolas Go tentou formular uma sabedoria da alegria que enfatiza particularmente sua dimensão criativa e artística. Mas também escreveu páginas muito profundas sobre o mal e a morte, que subscrevo inteiramente. Eis o que ele disse sobre a morte da amada:

O amor convertido, espiritualizado, como diria Nietzsche, subsiste na alegria quando, em virtude da nossa natureza mortal, a causa desaparece. Não é que nos alegremos com a morte da amada, seria absurdo, ninguém discute, mas porque o amor afirma seu poder para além da morte. O amor se conhece em sua essência (a alegria como afeto) quando se descobre sobrevivendo à sua causa externa. O amante privado do(a) amado(a) está privado do amor como afeiçoamento (no sentido de paixão) e sofre por falta da sabedoria perfeita, mas no mesmo movimento encontra o amor como afeto cuja tristeza é capaz de superar. Eu continuo te amando embora estejas morto(a), anuncia o grande enamorado, porque tu és o amor. O pesar, as lamentações, indicam um amor fracassado, que não soube se transformar em sua própria essência, numa exigência de sabedoria. Metamorfoseado em plenitude, livre da falta, o amor se realiza com perfeição na finitude através da experiência da alegria.[3]

E, como também observou Nicolas Go, esta sabedoria tipicamente espinosana não deixa, mais uma vez, de recordar a de Cristo. Quando pensamos no seu magnífico diálogo com a Samaritana sobre o amor; uma mulher que teve cinco maridos e vive em concubinato com um homem que não é seu marido. A essa mulher apaixonada, perpetuamente enamorada, mas que permanece encerrada na dimensão passiva do amor, insatisfeita para sempre, Jesus revela o amor verdadeiro como afeto de alegria ativa que tem uma dimensão de plenitude e, portanto, de eternidade. Afirma assim, traçando um paralelo entre o amor e a água que ela acabava de puxar de um poço: "Quem beber desta água voltará a ter sede; mas quem beber da água que eu lhe der nunca mais terá sede; a água que lhe darei será nele uma fonte jorrando água em vida eterna".[4]

Alguém pode sentir-se incomodado com estes comentários sobre o luto, especialmente se batalhou muito para superar uma ruptura ou a morte de um ser querido. Eu não ousaria escrever sobre o assunto se, mais uma vez, não tivesse passado por essa experiência.

Vivi algumas histórias de amor importantes, e, portanto, conheci rupturas afetivas, dolorosas no momento. Mas, passados os arrependimentos e as tristezas relacionados com a dimensão passiva e passional do relacionamento, sempre mantive com minhas ex-companheiras uma relação de alta qualidade, acompanhada por uma profunda alegria ao nos reencontrar. Quando você ama alguém, esse amor, no que tem de verdadeiro, é eterno, não pode desaparecer nem ser transformado em ódio. Também passei por vários lutos, e fui particularmente afetado pela perda recente de uma amiga querida com quem morei durante seis anos, que morreu em circunstâncias dramáticas. Quando soube, a princípio fiquei arrasado pela violência do choque. No primeiro momento eu não conseguia parar de chorar, não podia superar aquela tristeza abismal. E então, gradualmente, senti uma pequena alegria escondida no meu coração que não parou de brilhar até ultrapassar a dor. Era a alegria de sentir que o nosso amor, no que ele teve de mais puro e verdadeiro, ainda existia, que era eterno. Obviamente eu sofria por sua ausência física, por saber que nunca mais iria vê-la novamente no seu ser de carne e osso. Durante vários meses escorriam lágrimas dos meus olhos sem nenhum motivo. E, depois, a alegria afinal prevaleceu. Essa amiga tão querida está viva para sempre no meu coração. Desapareceram as tristezas ligadas às paixões tristes que o nosso relacionamento também teve. Só ficaram o amor verdadeiro e o afeto de alegria ativa que o acompanha.

O que vale para o sofrimento íntimo também vale para o mal que existe no mundo. Ao contrário de certa sabedoria da ataraxia — que escolhe fugir do mundo para preservar a paz da alma —, a sabedoria da alegria nos leva a viver no meio do mundo para abraçar suas contradições e tentar ser como um fermento na massa, contribuindo para sua transformação. A sabedoria da alegria rima com comprometimento.

Por amar intensamente a vida, e a vida por inteiro, sei que ela é infinitamente preciosa. Por ter sofrido e superado esse sofrimento para transformá-lo em alegria, conheço o valor da vida. Desde então defendo constantemente o seu desenvolvimento pleno, não só para meus irmãos e irmãs humanos, mas também para todos os seres vivos.

A alegria de viver é empática. Convida à compaixão, à partilha, à ajuda mútua. Enquanto as paixões tristes nos encerram no medo e nos fazem voltar para nós mesmos, a alegria ativa faz nosso coração arder de desejo de ver os outros se desenvolverem. Ficamos mais abertos, mais ousados, mais corajosos, mais tolerantes, mais preocupados com o semelhante.

Alguns dizem que, quando o mal é forte demais, quando assume, por exemplo, o aspecto dos campos de extermínio, nenhuma felicidade, nenhuma alegria é possível na Terra. Penso exatamente o contrário. Não só a felicidade e a alegria são ainda possíveis, como constituem até um dever para que essas tragédias, nascidas das paixões tristes do homem, não se repitam mais. Mais que isso, a alegria pôde surgir no meio do horror. Vários depoimentos perturbadores de sobreviventes de campos de concentração mostram isso. No epílogo do meu livro sobre a felicidade, citei as cartas de Etty Hillesum, que, depois do que ela chamou de "uma grande faxina interna" para superar suas angústias e sua fragilidade, relata a alegria que sentiu quando estava no campo de trânsito nazista Westerbork, na Holanda. "O grande obstáculo", diz ela, "é sempre a representação, e não a realidade [...] Temos que quebrar essa representação do sofrimento."[5] E ela é até capaz de exclamar, quando percebe o que a espera depois de Westerbork,

Auschwitz, onde morreu no dia 30 de novembro de 1943: "E, no entanto, como a vida é bela".[6]

Para o meu amigo Luc Ferry, que não acredita na existência de uma felicidade ou uma alegria profunda e permanente, Etty Hillesum é uma "psicótica". Eu, pelo contrário, acho que ela atingiu, como muitos outros, um alto grau de sabedoria e que esta, por mais difícil e dura que seja, ainda é possível, mesmo em Auschwitz, ou depois de Auschwitz.

A sabedoria da alegria não tem uma resposta teórica para a questão do mal, mas sim uma resposta prática: o contágio de um amor intenso à vida, de um compromisso com todos os seres vivos. Esse compromisso nada tem de sacrifício, uma vez que não se trata de renunciar aos prazeres da vida nem de parar de desejar, mas de dar nossa pequena contribuição, por mais modesta que seja, para a construção de um mundo melhor: nos negando a responder à violência com violência, ajudando, tanto quanto possível, as pessoas do nosso círculo que estejam em dificuldades morais ou materiais, facilitando o acolhimento de estrangeiros que fogem do seu país devastado, tentando poluir menos a nossa Terra, consumir menos carne de criação intensiva, participar de redes comunitárias que promovam a boa convivência, superar nossas preocupações diárias e dar aos outros um sorriso contagiante etc.

Este é o sentido do movimento "Colibri", fundado por Pierre Rabhi. Como um colibri tentando apagar o fogo que devastou a floresta levando no bico uma gotinha de água, vamos "fazer a nossa parte" nessa obra imensa que cabe à humanidade para curar o mundo de todos os males que as nossas paixões perniciosas lhe infligem: desejo de dominar, ganância, inveja, ciúme, orgulho, medo. Este é o melhor compromisso para facilitar uma conversão filosófica, aquela que nos transforma, que converte nossas paixões em ações e passa das alegrias passivas às ativas, cuja potência é salvadora.

É nesta sabedoria da alegria, baseada tanto em Espinosa quanto nos Evangelhos, que acredito e me inspiro, e que tento, com todas as minhas fraquezas e fragilidades, viver a cada dia um pouco melhor e transmitir com felicidade.

Notas

EPÍGRAFE [p. 7]

    1. Sêneca, *Lettres à Lucilius*, p. 59.

1. O PRAZER, A FELICIDADE, A ALEGRIA [pp. 15-23]

    1. Henri Bergson, *L'Énergie spirituelle*, Petite bibliothèque Payot, p. 52.

    2. Desenvolvi este pensamento num livro anterior, *Du bonheur, un voyage philosophique*, Fayard, 2013; Le Livre de Poche, 2015; o leitor que desejar se aprofundar nestas questões pode procurar nele.

    3. Epicuro, *Maximes capitales*, VIII.

    4. Id., *Lettre à Ménécée*, pp. 131-2.

    5. Aristóteles, *Éthique à Nicomaque*, livre II, capítulos 5, 6 e 8.

    6. François Lelord, Christophe André, *La force des émotions*, Odile Jacob poches.

2. OS FILÓSOFOS DA ALEGRIA [pp. 24-36]

    1. Michel Montaigne, *Essais*, III, p. 9.

2. Ibid.

3. Baruch Espinosa, *Éthique*, III, proposição 6.

4. Ibid., II, apêndice, definição II.

5. Friedrich Nietzsche, *Humain, trop humain*, II, 98.

6. Henri Bergson, *L'Énergie spirituelle*, op. cit.

7. Ibid.

3. DEIXE A ALEGRIA FLORESCER [pp. 37-62]

1. *Méditations quotidiennes du Dalaï-Lama*, Pocket.

2. Mathieu Terence, *Petit Éloge de la joie*, Folio, p. 23.

3. Esta experiência me inspirou um conto de iniciação, *Coeur de cristal* (Robert Laffont, 2014).

4. Henri Bergson, *L'Énergie spirituelle*, op. cit., p. 51.

5. *Petit traité de vie intérieure* (Plon, 2010 e Pocket, 2012).

4. TORNAR-SE SI MESMO [pp. 63-78]

1. Ahmad Ibn Ata Allah, *Les Aphorismes*.

2. Aristóteles, *Éthique à Nicomaque*, Livro I, cap. 6, p. 2.

3. Ibid., cap. 8, p. 10.

4. Baruch Espinosa, *Éthique*, III, 1, explicação.

5. Ibid., IV, 18, demonstração.

6. Ibid., IV, 7, proposição.

7. João 8, 3-11.

8. João 3, 17.

9. Lucas 19, 1-10.

10. Françoise Dolto, *L'Évangile au risque de la psychanalyse*, Points-Seuil.

11. João 15, 11.

12. Baruch Espinosa, *Éthique*, III, 57, demonstração.

5. ESTAR DE ACORDO COM O MUNDO [pp. 79-93]

1. Georges Bernanos, *Œuvres romanesques*, Gallimard.

2. Aristóteles, *Éthique à Nicomaque*, Livro VIII, I, 1155A.

3. Michel Montaigne, *Essais*, Livro I, XXVIII.

4. Relatado por Diógenes Laércio, biógrafo e poeta do início do século III, *Vie, doctrines et sentences des philosophes illustres*, X, 22.

5. Khalil Gibran, *Le Prophéte*, Sur le mariage.

6. Ibid., Sur les enfants.

7. Nicolas Go, *L'Art de la joie*, Le Livre de Poche, p. 178.

8. Atos 20, 35.

6. A ALEGRIA PERFEITA [pp. 94-110]

1. Baruch Espinosa, *Éthique*, V, proposição 23.

2. Este episódio é citado em *Les Fioretti de saint François* (capítulo 8), uma coleção anônima de histórias maravilhosas de sua vida, composta após a sua morte, provavelmente no século XIV.

3. Baruch Espinosa, *Traité théologico-politique*, IV, 4.

4. Frederic Lenoir, *Du Bonheur, un voyage philosophique*, op. cit., cap. 21.

5. Baruch Espinosa, *Éthique*, V, 23, Escólio.

6. Plotino, *Ennéade* VI, 7° Tratado, 34.

7. Gálatas 2, 20.

8. Carta de Romain Rolland a Sigmund Freud datada de 5 de dezembro de 1927, em *Un beau visage à tous sens. Choix de lettres (1886-1944)*, Albin Michel, 1967, p. 264.

9. Arthur Schopenhauer, *Le Monde comme volonté et comme représentation*, III, § 52, p. 335.

10. Friedrich Nietzsche, *La naissance de la tragédie*, p. 17.

11. Clément Rosset, *La force majeure*, Minuit, p. 21.

7. A ALEGRIA DE VIVER [pp. 111-21]

1. Friedrich Nietzsche, *Fragments posthumes*.

2. Marcos 10, 15.

3. Fiódor Dostoiévski, *Les possédés*, II parte, cap. 1.

4. Michel Montaigne, *Essais*, I, Livro XXXI.

5. Henri Bergson, *Les Deux Sources de la morale et de la religion*, PUF, capítulo IV, p. 330.

6. Friedrich Nietzsche, *Le gai savoir*.

7. Lucas 6, 21.

8. Martin Steffens, *Petit Traité de la joie. Consentir à la vie*, Poche Marabout, pp. 40-3.

EPÍLOGO: A SABEDORIA DA ALEGRIA [pp. 123-33]

1. Arthur Rimbaud, *Le Bateau ivre*.

2. Michel Montaigne, *Essais*, II, 12.

3. Nicolas Go, *L'Art de la joie*, op. cit., p. 120.

4. João 4, 13-14.

5. Etty Hillesum, *Les Écrits, Journaux et Lettres 1941-1943*, "30 de setembro de 1942", Seuil.

6. Ibid., "24 de setembro de 1942".

Referências bibliográficas

ARISTÓTELES. *Œuvres complètes*. Paris: Flammarion, 2014. [Ed. bras.: *Obras completas*. São Paulo: WMF Martins Fontes, 2011.]

ASSIS, Francisco de. *Les Fioretti de saint François*. Paris: Seuil, 1960. (Col. Points Sagesse.)

BASSET, Lytta. *La joie imprenable*. Paris: Albin Michel, 2004.

BERGSON, Henri. *L'Énergie spirituelle, essais et conférences*. Paris: PUF, 1967. [Ed. bras.: *A energia espiritual*. São Paulo: WMF Martins Fontes, 2009.]

_____. *Les deux sources de la morale et de la religión*. Paris: PUF, 2003. [Ed. bras.: *As duas fontes da moral e da religião*. Rio de Janeiro: Zahar, 1978.]

_____. *L'Évolution créatrice*. Paris: PUF, 2013. [Ed. bras.: *A evolução criadora*. São Paulo: WMF Martins Fontes, 2005.]

BERNANOS, Georges. *Œuvres romanesques*. Paris: Gallimard, 1961. Bíblia de Jerusalém.

CONFÚCIO. *Les Entretiens*. Paris: Folio, 2005. [Ed. bras.: *Analetos*. Brasília: Editora Kiron, 2011.]

DELEUZE, Gilles. *Espinosa: philosophie pratique*. Paris: Minuit, 2003. [Ed. bras.: *Espinosa: filosofia prática*. São Paulo: Escuta, 2002.]

DOLTO, Françoise. *L'Évangile au risque de la psychanalyse*. Paris: Points-Seuil, 2 tomos, 1980, 1982. [Ed. bras.: *O Evangelho à luz da psicanálise*. Rio de Janeiro: Imago, 1981.]

DOSTOIÉVSKI, Fiódor. *Les Possédés*. Paris: Folio, 2001 (tomos 1 e 2). [Ed. bras.: *Os demônios*. São Paulo: Editora 34, 2011.]

EPICTETO. *Manuel, Lettres et Entretiens* (edições diferentes).

EPICURO. *Lettres, maximes, sentences*. Paris: Le Livre de Poche, 1994. [Ed. bras.: *Máximas principais*. São Paulo: Loyola, 2010.]

ESPINOSA, Baruch. *Éthique*. Paris: Livre de Poche, 2011. [Ed. bras.: *Ética*. São Paulo: Autêntica, 2010.]

_____. *Traité théologico-politique*. Paris: Garnier Flammarion, 1997. [Ed. bras.: *Tratado teológico-político*. São Paulo: Martins Editora, 2008.]

GIBRAN, Khalil. *Le Prophète*. Paris: Casterman, 1974, Le Livre de Poche, 1996. [Ed. bras.: *O profeta*. São Paulo: Mantra, 2015.]

GO, Nicolas. *L'Art de la joie, essai sur la sagesse*. Paris: Le Livre de Poche, 2012.

HILLESUM, Etty. *Les Écrits, Journaux et Lettres 1941-1943*. Paris: Seuil, 2008. [Ed. bras.: *Uma vida interrompida: os diários de Etty Hillesum 1941-43*. Rio de Janeiro: Record, 1981.]

HUGO, Victor. *Les Misérables* (edições diferentes). [Ed. bras.: *Os miseráveis*. São Paulo: Cosac Naify, 2011.]

LAÉRCIO, Diógenes. *Vie, doctrines et sentences des philosophes illustres*. Paris: Garnier Flammarion, 1993 (tomos 1 e 2).

LAPIERRE, Dominique. *La cité de la joie*. Paris: Pocket, 2015. [Ed bras.: *A cidade da alegria*. Rio de Janeiro: Record, 1987.]

LELORD, François; ANDRÉ, Christophe. *La force des émotions*. Paris: Odile Jacob, 2003.

LENOIR, Frédéric. *Du bonheur, un voyage philosophique*. Paris: Le Livre de Poche, 2015. [Ed. bras.: *Sobre a felicidade: uma viagem filosófica*. Rio de Janeiro: Objetiva, 2016.]

MISRAHI, Robert. *Espinosa, une philosophie de la joie*. Paris: Entrelacs, 2011.

MONTAIGNE, Michel. *Essais*. Paris: Pocket, 2009. [Ed. bras.: *Os ensaios*. São Paulo: Penguin Companhia, 2010.]

NIETZSCHE, Friedrich. *Fragments posthumes, Œuvres philosophiques complètes, XIV*. Paris: Gallimard, 1977. [Ed. bras.: *Fragmentos póstumos*. Rio de Janeiro: GEN, 2014.]

NIETZSCHE, Friedrich. *Le gai savoir*. Paris: Garnier Flammarion, 2007. [Ed. bras.: *A gaia ciência*. São Paulo: Companhia de Bolso, 2016.]

_____. *Humain, trop humain*. Paris: Le Livre de Poche, 1995. [Ed. bras.: *Humano, demasiado humano*. São Paulo: Companhia de Bolso, 2017.]

_____. *Naissance de la tragédie*. Paris: Folio, 1989. [Ed. bras.: *O nascimento da tragédia*. São Paulo: Companhia de Bolso, 2007.]

ONFRAY, Michel. *La Puissance d'exister*. Paris: Le Livre de Poche, 2008. [Ed. bras.: *A potência de existir*. São Paulo: WMF Martins Fontes, 2010.]

PELT, Jean-Marie; RABHI, Pierre. *Le monde a-t-il un sens?* Paris: Fayard, 2014.

PLATÃO. *Œuvres completes*. Paris: Flammarion, 2011.

PLOTINO. *Ennéades*. Paris: Les Belles Lettres, 1938, 1981.

ROLLAND, Romain. *Un beau visage à tous sens. Choix de lettres (1886-1944)*. Paris: Albin Michel, 1967.

ROSSET, Clément. *La Force majeure*. Paris: Minuit, 1983.

SCHOPENHAUER, Arthur. *Le Monde comme volonté et representation*. Paris: Folio, 2009 (tomos 1 e 2). [Ed. bras.: *O mundo como vontade e representação*. Rio de Janeiro: Contraponto Editora, 2001.]

SÊNECA. *Entretiens, Lettres à Lucilius*. Paris: Robert Laffont, 1993. (Col. Bouquins.)

STEFFENS, Martin. *Petit Traité de la joie. Consentir à la vie*. Paris: Marabout, 2015.

TERENCE, Mathieu. *Petit Éloge de la joie*. Paris: Folio, 2011.

TZU, Chuang. *Œuvre complete*. Paris: Folio, 2011.

ZOLA, Émile. *Les Rougon-Macquart*, XII: *La Joie de vivre*. Paris: Folio, 2008.

ESTA OBRA FOI COMPOSTA PELA ABREU'S SYSTEM EM INES LIGHT
E IMPRESSA EM OFSETE PELA LIS GRÁFICA SOBRE PAPEL PÓLEN BOLD DA
SUZANO PAPEL E CELULOSE PARA A EDITORA SCHWARCZ EM ABRIL DE 2017

A marca FSC® é a garantia de que a madeira utilizada na fabricação do papel deste livro provém de florestas que foram gerenciadas de maneira ambientalmente correta, socialmente justa e economicamente viável, além de outras fontes de origem controlada.